中华传统文化
融入初中生物学教学的
实践探索

主编　何小霞　陈少燕

编委　何小霞　陈少燕　沈雪贤　刘雪姣　马春华　叶锦润
　　　李沛峰　吴朝朋　郝艳丽　黄少明　佘思慧　尹导群

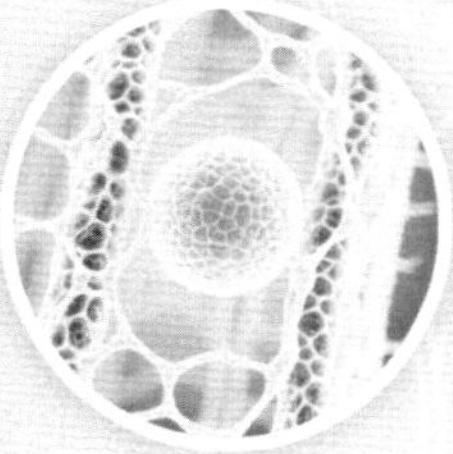

ZHONGHUA CHUANTONG WENHUA
RONGRU CHUZHONG SHENGWUXUE JIAOXUE DE SHIJIAN TANSUO

WUHAN UNIVERSITY PRESS
武汉大学出版社

图书在版编目(CIP)数据

中华传统文化融入初中生物学教学的实践探索 / 何小霞,陈少燕主编.
武汉 : 武汉大学出版社, 2025.8. -- ISBN 978-7-307-24954-7
Ⅰ. G633.912
中国国家版本馆 CIP 数据核字第 2025YG6942 号

责任编辑:黄　殊　　　责任校对:鄢春梅　　　版式设计:韩闻锦

出版发行:**武汉大学出版社**　(430072　武昌　珞珈山)
(电子邮箱:cbs22@ whu.edu.cn 网址:www.wdp.com.cn)
印刷:湖北云景数字印刷有限公司
开本:787×1092　1/16　印张:11.75　字数:236 千字　插页:1
版次:2025 年 8 月第 1 版　2025 年 8 月第 1 次印刷
ISBN 978-7-307-24954-7　定价:69.00 元

前　言

在新时代教育改革的背景下，国家对中华优秀传统文化的传承与发展给予高度重视，强调将其有机融入学科教学，夯实民族文化自信和价值自信的基础，培育青少年成为德才兼备的社会主义建设者和接班人。《义务教育生物学课程标准(2022年版)》明确指出，生物学教学应基于坚实的学科知识基础，紧密结合中国学生发展核心素养的研究成果，融合社会主义核心价值观的基本内容和要求，实现立德树人根本任务，充分展现学科的育人功能。初中生物学作为自然科学课程之一，不仅承担着传授科学知识的重任，更应成为传播中华优秀传统文化、培养青少年家国情怀的关键平台。因此，深入研究中华优秀传统文化与初中生物学教学的有机结合，不仅是贯彻国家教育方针的必然选择，也是实现课程育人目标的关键途径。

随着新一轮课程改革的深入实施，如何在学科教学中融入传统文化元素，促进学生的全面发展，已经成为当前教育研究的热点。初中生物学是农业科学、医药科学、环境科学以及其他相关科学和技术的基础，其课程内容与中华传统文化中的农业、医学、生态等领域有着内在的联系。结合课程标准的指导思想，融入相应的中华优秀传统文化内容，能够更有效地发挥生物学科的育人价值。

本书以"中华传统文化融入初中生物学教学实践"为主题，系统探讨了中华优秀传统文化在生物学教学中的应用路径与实践策略。全书共分为四章：第一章从中华传统文化的内涵、融入教学的背景及价值出发，奠定了理论基础，并深入分析传统文化在生物学教学中的独特优势；第二章专注于中华传统文化教学资源的分类与分析，包括文学知识、农业生产、医学科研及民俗文化等领域，通过对各类资源的整理与整合，为教学实践提供了丰富的素材支持；第三章是核心章节，详细阐述了传统文化在课堂教学、校本课程、作业设计及试题命制中的具体实施策略，并辅以丰富的案例解析，力求将理论与实践相结合，为一线教师提供可操作的教学指导；第四章总结实践成效，并对未来的发展方向进行展望，从课程育人价值、教师专业发展及学生素养提升等多个维度，系统评估了传统文化融入生物学教学的实际效果。

本书聚焦于中华优秀传统文化与初中生物学教学的深度融合，旨在为一线教师提供系统的理论支持与实践指导。通过这一探索，我们期望为初中生物学教学注入深厚的文化底蕴，让学生在学习科学知识的过程中，深入体验中华优秀传统文化的独特魅力，从而增强文化认同感，提升科学素养。在新时代深化教育改革的背景下，传统文化与学科教学的结合已经成为教育创新的重要趋势。本书的实践探索不仅为教育工作者提供了有益的参考，也为中国特色教育体系的构建提供了新的思路与方法。我们期待本书能激发更多教育界同仁对传统文化与学科融合的思考，共同推动教育与文化传承的协同发展。

展望未来，我们将持续深化研究，探索更多元化的融合路径，进一步推动中华优秀传统文化与初中生物学教学的有机结合，为培养具有文化自信与科学精神的时代新人贡献更多力量。

目　录

探索篇

第一章　中华传统文化概述 …… 3
第一节　中华传统文化的内涵 …… 3
一、哲学思想 …… 3
二、道德观念 …… 3
三、艺术审美 …… 4
四、科技智慧 …… 4
第二节　中华传统文化融入教学的背景 …… 4
第三节　中华传统文化融入教学的价值 …… 6
一、渗透民族精神教育 …… 7
二、渗透生命教育 …… 8
三、渗透感恩教育 …… 9
四、渗透古诗词教育 …… 9

第二章　中华传统文化教学资源分析 …… 11
第一节　文学知识类资源 …… 11
一、古典诗词 …… 11
二、古代成语、谚语与寓言 …… 12
三、小说、文集与杂记 …… 13
四、古代自然哲学 …… 13
五、古典戏剧 …… 13
六、神话传说 …… 14
七、传统节日、节气与习俗 …… 14
第二节　农业生产类资源 …… 15
第三节　医学科研类资源 …… 15

第四节　民俗文化类资源 …… 16

实践篇

第三章　中华传统文化融入初中生物学的教学实践 …… 21
第一节　中华传统文化融入课堂教学 …… 21
一、中华传统文化融入课堂教学的思路及策略 …… 21
二、教学课例及解析 …… 30
第二节　中华传统文化融入校本课程 …… 62
一、中华传统文化融入校本课程的思路及策略 …… 62
二、校本课程案例及解析 …… 64
第三节　中华传统文化融入作业设计 …… 115
一、中华传统文化融入作业设计的思路及策略 …… 115
二、作业设计案例及解析 …… 118
第四节　中华传统文化融入试题命制 …… 149
一、中华传统文化融入试题命制的思路及策略 …… 149
二、典型试题及解析 …… 162

展望篇

第四章　中华传统文化融入初中生物学教学的成效与展望 …… 173
第一节　中华传统文化融入初中生物学教学的成效 …… 173
一、课程育人价值的体现 …… 173
二、教师专业发展的促进 …… 175
三、学生素养的提升 …… 176
第二节　中华传统文化融入初中生物学教学的未来展望 …… 177
一、教学内容的深度挖掘与融合创新 …… 178
二、教学方法的多样化与个性化 …… 178
三、教育资源的整合与优化 …… 178
四、教育评价的科学化与人性化 …… 178

参考文献 …… 180

探索篇

第一章
中华传统文化概述

第一节　中华传统文化的内涵

中华传统文化，作为中华民族数千年历史积淀的瑰宝，承载了丰富的思想、道德、艺术和科学价值，构成了中华民族精神家园的核心体系，更是我们民族独特的文化标识。它主要包含以下内涵。

一、哲学思想

中华传统文化以儒家思想为核心，同时融合了道家、墨家、法家等多元哲学思想。儒家思想强调仁爱、礼义、诚信等道德观念，倡导人际和谐，追求社会稳定。道家思想则强调“道法自然”，主张顺应自然规律，追求内心的平静与自由；墨家强调兼爱非攻，法家主张以法治国……这些思想流派共同丰富了中华文化的哲学体系，为中华民族提供了丰富的思想资源，深刻影响了中华民族的思维方式和行为准则。儒家思想作为中华文化的基础，其思想体系博大精深，影响深远。它强调仁爱，认为仁爱是人与人之间相互关爱、相互尊重的基础。在儒家看来，仁爱不仅仅是对人的关爱，更体现为对天地万物的敬畏和爱护。仁爱精神体现在家庭关系中，就是孝顺父母、尊敬长辈；体现在社会关系中，就是关爱他人、乐于助人。儒家思想还强调礼义，认为礼义是维护社会秩序、促进社会和谐的重要手段。礼义涵盖礼仪、礼节、礼制等，它要求人们遵守社会规范，尊重他人权利，维护社会公正。

二、道德观念

中华传统文化十分注重道德修养，提倡“仁爱”“忠诚”“孝道”等道德规范。其中，“仁爱”是道德核心，它倡导人与人之间的关爱与和谐，强调个人对家庭和社会的责任。中华传统文化强调“忠诚”，即对国家、民族和事业的忠诚，这种忠诚精神是中华民族团结一致、共同奋斗的重要动力。此外，“孝道”作为中华传统文化的重要组成部分，强调对父母的尊敬和孝顺，是维系家庭和睦、社会和谐的重要基石。

三、艺术审美

中华传统文化在艺术领域取得了辉煌的成就。书法、绘画、音乐、舞蹈、戏曲等艺术形式，都彰显了中华民族独特的审美追求和艺术风格。例如，书法是中国独有的艺术形式，它通过笔墨纸砚的结合，展现出独特的艺术魅力；绘画则注重意境和气韵的表达，追求“以形写神”的艺术效果；音乐则强调旋律和节奏的和谐统一，追求音乐的和谐美；舞蹈则通过身体动作和表情来传达情感，展现艺术魅力；戏曲则是集唱、念、做、打于一体的综合艺术形式，具有深厚的历史文化底蕴和独特的艺术风格。

四、科技智慧

中华传统文化在科技领域也有独特的贡献。古代中国的四大发明——造纸术、印刷术、指南针和火药，对世界文明的发展产生了深远的影响。此外，古代中国在农业、医学、数学、天文等领域也取得了许多重要成果。例如，李时珍的《本草纲目》被誉为“东方医药巨典”，中医药理论以其独特的诊断方法和治疗手段，为人类的健康事业作出了巨大贡献；古代数学家的研究成果，如《九章算术》等著作，为数学的发展奠定了基础；古代天文学家对天文现象的观察和研究，为天文学的发展提供了宝贵的资料。

中华传统文化的内涵博大精深，它不仅包含了哲学思想、道德观念、艺术审美和科技智慧等方面的内容，还体现了中华民族独特的思维方式和行为准则。在如今这个全球化的时代，我们更应该珍视和传承中华优秀传统文化，并将其与现代文化相结合，推动中华优秀传统文化的创新和发展。让我们共同努力，为传承和弘扬中华传统文化贡献自己的力量！

第二节　中华传统文化融入教学的背景

随着中国经济的崛起和国际地位的提高，中华传统文化逐渐受到全球的关注和重视。在这一背景下，将中华传统文化融入教学体系，不仅是传承和发展优秀传统文化的重要举措，也是培养学生的综合素质、提升国际竞争力的重要途径。

首先，将中华传统文化融入教学体系是在新时代传承和发扬中华优秀传统文化的必然要求。中华传统文化源远流长、博大精深，包含着丰富的哲学思想、人文精神、道德规范和价值观念，是中华民族的瑰宝。然而，由于种种因素的影响，许多优秀的传统文化面临着传承断层和消失的危机。将中华传统文化融入教学体系，可以让更多的青少年了解、认识和传承中华优秀传统文化，为文化的繁荣发展注入新的活力。

如何将中华优秀传统文化有效地融入中学教育教学？各教育机构已纷纷行动起来。早在1990年，吉林省教育科学院副院长、研究员栾传大主持的教育部重点课题"中华民族传统美德教育实验研究"就探索过以学校为主阵地，利用语文、历史、数理化、音体美各学科教学渗透美德教育，取得了一些成果。"十一五"规划课题"中华民族传统美德教育的实践模式研究"的子课题"课堂教学渗透中华民族传统美德，培育民族精神教育研究与实践"，专门研究了学科课堂教学中渗透中华传统美德的方式与途径。

广大一线教师也在积极探索。江苏常州奉英老师在硕士论文里探讨了如何在初中生物教育中渗透人文教育；黄兴华老师的《渗透数学文化教育的高中数学教学研究》、湖南师大寻晖老师的《初中思想品德课与学生民族精神的培育》、刘冲老师的《论心理健康教育在中职古典诗词教学中的实施》，东北师大罗焱峰老师的《初中英语教学中渗透文化教学的探索》、辽宁师大安宏老师的《试论学科教学与人文教育的融合》、江西师大黄武老师的《中学历史教学中的美育初探》，等等，分别从不同学科出发，对如何在教学中渗透传统文化做了有益的研究和尝试。

在校本课程渗透方面，也有注重中华传统文化教育的范例。例如，北师大附属实验中学自2004年开始就在初一到高三的选修课程中加入传统文化内容，并取得了良好效果。

其次，将中华传统文化融入教学是培养学生综合素质、提升国际竞争力的重要途径。中华传统文化注重人性修养、人格塑造和人文精神培养，对于提高学生的道德品质、文化素养和创新能力具有积极的作用。同时，将中华传统文化融入教学，有助于学生更好地理解和尊重其他文化，提高跨文化交流的能力，为未来的国际竞争做好准备。

许多国家都重视传统文化教育。例如，韩国学校有专门的品德、修养方面的课程，还建立了以传统文化教育为办学特色的公私立高中和大学；中学设有传统习俗学习室，供学生实践传统礼节。日本《教育基本法》强调，尊重日本的传统和文化、热爱国土和家乡。2009年，日本教育审议会在《学习指导要领》中规定，各学科教材要把传统文化作为渗透内容。新加坡将传统文化教育作为培育民族精神的主旋律，其指导方针特别强调灌输核心价值观、培养国家认同、加强历史认识。英国国家课程把文化作为有价值的知识的重要组成部分，特别重视在学科教学中融入英国传统文化。美国不仅注重以传统文化教育为载体，锻造国民性格，还在传统文化教育中要求把讲授知识、锻炼能力和涵养道德相结合。

最后，将中华传统文化融入教学是推动教育改革、促进教育创新的重要手段。通过融入中华传统文化，可以丰富教学内容、优化教学方式、提高教学质量，推动教育改革深入发展。同时，将传统文化与现代科技相结合，可以促进教育创新，培养更多具有创新精神和实践能力的人才。

目前关于中学传统文化教育的研究已取得丰硕成果，有问题分析，有策略指导，有渗透的具体案例，还有校本研究方面的经验总结等。但也存在一些问题，主要有以下几个方面：一是关于传统文化教育的理论研究成果较多，而采用实证研究方法探索具体操作模式的相对较少；二是关于中华优秀传统文化教育的专著、期刊文章较多，而涉及课堂教学实践研究的较少，特别是在生物教学中渗透中华优秀传统文化教育的研究还很薄弱，有效的方式方法不多；三是中华优秀传统文化教育所涉及的对象一般为普通大众，而专涉中学生这一特殊群体的研究较少；四是相关研究在语、英、政、史、地等文科教学中开展较多，而在理、化、生等理科教学中开展较少；五是教师个人在课堂教学中开展这一活动的较多，而结合校本课程开发、学生社团活动组织和社会实践活动开展，进而广泛、深入的群体性探究较少，尤其是将中华优秀传统文化教育渗透生物学教学作为专门的研究课题还未见过公开报道；六是在教学活动中照搬常规教学方法与手段的较多，而探索常规教学与中华优秀传统文化教育多途径有效融合的较少；七是开展一般化的、形式化的活动较多，而针对当前中学生心理、人格等发展需要，并切合生物学科具体特点来开展这一活动的较少。这些被忽略的层面将为本书的研究提供契机和切入点。

总之，将中华传统文化融入教学体系是时代发展的必然要求，也是培养优秀人才、提升国际竞争力的重要途径。我们应该积极推动中华传统文化融入教学，为中华文化的传承和发展贡献力量。

第三节　中华传统文化融入教学的价值

首先，中华传统文化是中华民族的根基，是中华民族赖以生存和发展的精神支柱。通过将中华传统文化融入教学，可以帮助学生更好地了解和认识民族文化遗产，增强民族自豪感和自信心，激发爱国热情和民族精神。其次，中华传统文化蕴含着深厚的人文精神和丰富的文化底蕴，对现代教学具有深远的启示意义。将中华传统文化融入教学，可以帮助学生更好地了解和认识中华文化的精髓和特点，提高文化素养，增强文化自信。再次，中华传统文化注重人的全面发展，强调道德修养、人文素质和综合能力的培养。将中华传统文化融入教学，可以帮助学生更好地了解和认识中华民族的优良传统，提高自身的综合素质和能力水平。最后，中华传统文化注重实践性和创新性，强调知识的实用性和综合性。将中华传统文化融入教学，能够促进教育教学的改革和创新，推动教育事业的持续发展和完善。

因此，我们应该积极探索将中华传统文化融入教学的有效途径和方法，为培养具有国际视野、民族情怀、文化自信的优秀人才作出贡献。将中华传统文化融入生物学教学的价值具体体现在以下几个方面。

一、渗透民族精神教育

(一) 培养爱国主义精神

爱国主义精神是中华民族的优良传统和精神财富，体现了中国人民对自己故土家园、民族和文化的归属感、认同感和荣誉感的统一。它是中华民族团结统一的重要纽带，也是推动中国社会进步和发展的重要力量。

在当今时代，爱国主义精神的重要性不言而喻。我们要通过培养爱国主义精神，增强民族自豪感和自信心，维护国家尊严和荣誉。同时，爱国主义精神也是我们每个人应该具备的道德素质，有助于我们更好地认识自己、认识祖国，更好地为人民服务。

如何培养爱国主义精神呢？首先，教师应帮助学生了解祖国的辉煌历史和伟大成就，了解祖国的地理和人文环境，从而深刻认识到国家强盛的重要性。其次，教师应向学生讲述中华民族在近代遭受的苦难，让学生明白，只有国家强大，人民才能安居乐业。此外，教师可组织学生参加各种爱国主义教育活动，如参加升旗仪式、观看爱国主义电影、学习英雄人物的事迹等，从而让学生更好地了解祖国的历史和文化，增强民族自豪感和自信心。

同时，教师应注重挖掘教材中的爱国主义教育素材。我国地大物博，动植物资料丰富，我国鸟类有1000多种，是世界上拥有鸟类种数最多的国家之一；我国裸子植物种类居世界首位；我国有许多珍稀的动植物，如大熊猫、扬子鳄、藏羚羊、银杉等；我国参与人类基因组计划，完成了对人类基因组的测序，终于撰写出人类生命之书，为一个全新的生命科学时代拉开了序幕……教师用生动的语言向学生描绘未来生物科技发展的蓝图，激发学生热爱祖国的情感。

(二) 培养民族自豪感

在当今世界，民族自豪感是一个国家、一个民族凝聚力和自信心的重要来源。它激发着人们的爱国热情和民族自尊心，促使人们为国家和民族的繁荣富强而努力奋斗。因此，培养民族自豪感对于一个国家和民族的发展具有重要意义。

要培养民族自豪感，首先需要加强对国家和民族历史文化的教育。让学生通过学习本国历史、文化，更好地了解自己的国家和民族，从而产生更强烈的归属感和自豪感。同时，政府和社会各界正积极推广国家形象，通过各种渠道宣传国家的成就；教师应引导学生关注国家大事，了解国家在国际舞台上的地位与影响力。例如，教师向学生讲解中国工程院院士、国家最高科学技术奖获得者袁隆平培育的杂交水稻，每年可多养活三千万人，功勋卓著，被誉为“杂交水稻之父”，以及课外读物中我国的断肢再植手术、人工合成结晶牛胰岛素等事例，让学生了解我国在生物学领域取得了许多国际领先的科技成果，感受我国科技发展的辉煌成就。

二、渗透生命教育

生命教育旨在帮助人们理解生命的意义、价值、目的和过程。它不仅关注个人的身心健康，还关注个人与他人、社会和自然的和谐关系。通过生命教育，人们可以更好地认识自己、珍惜自己和他人的生命，并学会如何与他人、社会和自然和谐相处。

渗透生命教育是指将生命教育的理念和内容贯穿于各种教育活动——无论是学科教育、职业教育还是家庭教育。它强调将生命教育的思想融入日常教学过程，使学生在潜移默化中接受生命教育的熏陶。

在学科教育中，教师通过对文学、历史、哲学、艺术等学科的深入剖析，引导学生思考生命的意义和价值。这些学科中蕴藏着深厚的人文精神与生命智慧，能够帮助学生从不同角度理解生命的本质与内涵。

（一）引导学生敬畏生命、珍爱生命

在我们的生活中，无论是人类还是大自然，都展现出生命的伟大和奇妙。然而，有时人们会忽视这个事实，对生命缺乏足够的尊重和珍视。因此，引导学生敬畏生命、珍爱生命，是教育的重要任务之一。

首先，教师要让学生认识到生命的独特性和珍贵性。每个生命都是独一无二的，无论是人类还是其他生物，都有其自身的价值和存在的意义。我们应当尊重每一个生命，而不是随意践踏或者忽视它们的存在。

其次，教师要让学生了解生命的脆弱性和易受伤害性。生命是极其脆弱的，很容易受到伤害和威胁。教师要教育学生远离危险的行为和环境，以保护自己和他人的生命安全。

最后，教师要让学生认识到生命的价值和意义。生命的价值和意义不仅在于它的存在和延续，更在于它所创造的美好和价值。教师应当引导学生积极向上、乐观进取，追求自己的梦想和目标，为社会和人类作出应有贡献。

敬畏生命、珍爱生命应是人类的本性和本质，也是教育的核心任务之一。只有当我们真正尊重和珍视生命时，才能创造一个更加美好的世界。

（二）开展健康教育

开展健康教育是提高学生的健康素养、促进其身心健康的重要途径。健康教育不仅限于传授医学知识和技能，更重要的是帮助学生建立正确的健康观念和生活方式，培养健康的生活习惯和行为习惯。

首先，健康教育应该注重学生的全面发展。除了关注学生的身体健康，还应该关注学生的心理健康、社会适应能力和道德素质等方面的发展。教师要通过健康教育，帮助学生建立正确的人生观和价值观，提高自我保护和自我管理能力，培养积极向上的生活

态度。

其次，健康教育应该注重实用性和可操作性。教育内容应该与学生的实际生活和需要紧密相关，注重培养学生的实践能力和操作技能。例如，教师可以教授学生正确洗手、合理搭配饮食等实用技能，从而更好地维护个人健康。

最后，健康教育应该注重预防和干预。除了传授医学知识和技能，还应该注重预防和干预学生的健康问题。例如，教师可以通过开展心理健康讲座、提供心理咨询服务等方式，帮助学生解决心理问题，预防心理疾病的发生。同时，还可以通过开展健康检查、提供健康指导等方式，及时发现和处理学生的健康问题，促进学生的身心健康。

总之，开展健康教育是一项长期而艰巨的任务，需要学校、家庭和社会共同努力。只有通过全方位的健康教育，才能帮助学生建立正确的健康观念和生活方式，提高健康素养和身心健康水平，为学生的全面发展奠定坚实的基础。

三、渗透感恩教育

感恩是一种美德，它不仅仅是回应他人的恩惠或帮助的方式，更彰显了对生命珍视和尊重的态度。

在教学中，教师应该注重感恩教育的渗透。一方面，通过课堂教育、校园文化活动等方式，让学生认识到自己的成长离不开他人的帮助和支持；另一方面，引导学生学会关注社会、关心他人，并组织相应的实践活动，培养学生的社会责任感和感恩之心。例如，在生物学科教学中，通过对人的生殖知识的学习，让学生了解母亲在孕育幼儿过程中心理和生理发生的变化，感受母爱的伟大，以及父母含辛茹苦的抚养，感恩父母的养育之恩；通过输血相关知识的教学，并展示汶川大地震后四川人民排队献血的画面以及感人事迹分享，引导学生认识到无偿献血的意义，学会感恩他人和社会。

四、渗透古诗词教育

在初中生物教学中渗透古诗词教育，是一种富有创新性和启发性的教学方式。通过巧妙地将古诗词与生物学知识相结合，不仅能够培养学生的文学素养，还能够让学生在欣赏古诗词之美的同时，深入理解生物学知识，传承与发扬中华传统文化。

通过古诗词的引入和生物学知识的讲解，教师可以让学生感受到文学美和科学美的融合——古诗词以其优美的语言和丰富的意象，为学生呈现了一幅幅生动的画面；而生物学知识则以其严谨的逻辑和科学的态度，为学生揭示了生命的奥秘。将这两者相结合，不仅可以让学生在学习生物学知识的过程中感受到文学的美，还可以让学生在欣赏古诗词的过程中理解到科学的真谛。例如，在讲解“两栖动物的生殖和发育”一课时，教师以宋代诗人赵师秀《约客》中“黄梅时节家家雨，青草池塘处处蛙”来引入，进而引导学生关注青蛙的行为习性。

此外，教师还可以通过一些有趣的实验和实践活动，进一步激发学生的学习兴趣和探究精神。例如，教师可以组织学生进行青蛙的观察实验，让学生亲自观察青蛙的生活习性和生殖过程；或者引导学生开展一些与古诗词和生物学知识相关的探究活动，如“古诗词中的生物学现象”等。这些活动有助于学生更深入地理解古诗词和生物学知识之间的联系，从而培养学生的跨学科思维和创新能力。

第二章
中华传统文化教学资源分析

第一节 文学知识类资源

在探讨将中华优秀传统文化融入生物学教学的实践中，文学知识类教学资源扮演着至关重要的角色。文学知识类教学资源主要包括：

一、古典诗词

中国古典诗词是文学宝库中的瑰宝，它们不仅具有很高的艺术价值，还蕴含着丰富的生物学知识。问世于周秦之间的《尔雅》是辞书类的古籍，它收集了丰富的古汉语词汇，同时也涵盖了自然科学和社会科学方面的丰富内容。《尔雅》收录的4300多个词语中有名物词2300多条，涉及天文、地理、人事、生物等各个方面。其中《释虫》《释鱼》《释鸟》《释兽》《释畜》等章节中收录了大量的动物专名，包含丰富的动物学知识。《诗经》是先秦数百年间的诗歌总集，经孔子删减与编撰，保留至今有305篇。据统计，《诗经》保留下来的诗歌中出现了115种动物和137种植物，约170篇涉及动物，其中的大部分动物名称被沿用至今。《诗经》中提及的很多普通动物可以用现代的林奈二名法标注学名，并归属到现代动物学分类系统，如兽类27种、鸟类43种、两栖爬行类7种、鱼类14种、昆虫类21种、其他无脊椎动物4种。各族先民图腾崇拜的动物名称和“神化”原型在《诗经》中也有所保留。《诗经》中涉及很多的动物分布、行为、生活习性、狩猎、饲养等生物学知识，其中还有生物物候节律以及防治害鼠、害虫等措施的记载。

再比如，唐代诗人王维的《鸟鸣涧》描绘了鸟类的生活习性，可以结合相关知识点来教授动物行为学。宋代诗人苏轼的《赤壁赋》中对水生生物的描写，可以作为水生生态系统教学的素材。通过引入“草色侵官道，花枝出苑墙”等古诗，教师可以阐释植物向光性等现象。教师将古诗文引入教学，并提出与诗文相关的问题，能够有效地指导学生开展逻辑思维活动。在教学“鸟类生殖与发育”时，教师可以引用经典诗词“梁上有双燕，翩翩雄与雌”来描绘燕子产下后代的过程，并通过将燕子的艰辛与课程内容联系起来，激发学生的学习动力，使其更深入地了解父母养育的不易；也可以结合白居易《钱塘湖春行》中的名句，让学生在白居易描写的春天景色中感受鸟的形象，引导学生思考小鸟的“争树啄泥”行为。

在教学生态系统的相关知识时，教师便可以引用学生熟知的《小池》，诗中“小荷才露尖尖角，早有蜻蜓立上头”朗朗上口，更有利于学生理解相关生物学知识。在教学《植物体的结构层次》一课时，为了让学生了解花的结构，教师可以在课堂导入环节提出问题：“请同学们说一说描写花的诗句。”

此外，教师还可引导学生利用生物学知识考证相关诗句中描述的现象。例如，对于《长安古意》中的“愿作鸳鸯不羡仙”，古人认为“鸳鸯”代表夫妻相亲相爱，白头到老，但实际上鸳鸯在交配过后，雄鸟会抛弃配偶，也不负责哺育后代，这明显不同于诗句中诗人描写的鸳鸯可以相伴终生。“螟蛉有子，蜾蠃负之”经常被化用为“螟蛉子”，即养子，但实际上蜾蠃会捕捉螟蛉，两者的关系为捕食关系。“春蚕到死丝方尽，蜡炬成灰泪始干”是经典诗句，意思是春蚕结茧到真正死后才会吐尽蚕丝，但实际上蚕并非至死方休，而是经历受精卵、幼虫、蛹、成虫后会吐丝成茧，成长为蛹的生命阶段……教师可以引导学生对诗句中蕴含的生物学知识进行挖掘，并讨论该知识在实际生活中的价值。

二、古代成语、谚语与寓言

古代成语、谚语与寓言中蕴含了丰富的哲理，折射出古人对自然界的朴素认知，自然也包括一些生物学现象。寓言《守株待兔》《拔苗助长》等，通过生动的故事传达了生物学原理，如遗传、进化和生态平衡。成语如“螳螂捕蝉，黄雀在后”揭示了食物链的概念，而“一叶知秋”则可以用来解释植物对环境变化的响应。将寓言《厨师和牛》融入“先天性行为和学习行为”相关内容的讲授中，有助于区分这两个概念。

“种瓜得瓜，种豆得豆”这句谚语说明种下什么种子就会获得什么果实，描述的是遗传现象。类似的谚语还有“猫生猫，鸭生鸭”。“一树结果，酸甜各异”这句话是指一棵果树上结出的果实甜度不同，这是一种变异现象。“一母生九子，连母十个样”这句话的意思是母亲和生下的孩子彼此各不相同，孩子们之间也不一样，这是变异现象。这说明人类早在学会种植农作物的时候，就已经有了遗传观念。“有收无收在于水，收多收少在于肥”意思是农作物有没有收成取决于水分，产量的多少取决于肥料的多少。这说明植物的生长离不开水和无机盐。植物体内水分充足时，叶片舒展有利于光合作用，提高产量，植物的生长需要多种无机盐。“粪大水勤，不用问人”，即只要给农作物施加充足的肥料并经常给农作物浇水，作物自然会生长得很好。这句话并不科学，因为在植物的不同生长阶段，所需要的水分和无机盐是不同的，因此应注意适时适量原则。这表明古人非常强调通过施肥保证土壤肥力，通过浇水保证土壤湿度，从而保证粮食的高产量。“螳螂捕蝉，黄雀在后”这个成语的意思是螳螂在捕捉蝉，却不知道黄雀在后面想要捕捉它，以此比喻目光短浅，只顾眼前利益，同时，它说明每种生物都不能独立生活，而是与周围的生物、环境构成复杂的关系，并揭示了生物之间的捕食关系，黄雀捕食螳螂，螳螂捕食蝉。“蚁穴溃堤”这个成语是指蚂蚁的巢穴虽小，却可以使堤坝崩溃，比喻不留心小事的影响，可能会酿成大灾祸。这个成语说明生物可以影响环境。

三、小说、文集与杂记

许多小说、文集与杂记中都涉及生物学知识，如《红楼梦》中对大观园植物的描写，反映了植物与环境的互动关系。《荀子》中提到“蓬生麻中，不扶自直”，意思是柔软的蓬草生长在笔直的麻中，不用扶也会长得笔直。这句话体现了生物间的竞争关系。唐代《酉阳杂俎》记载：“寄居之虫如螺而有脚，形似蜘蛛，本无壳。”这描述的是寄居蟹，体现了生物之间的共生现象。《酉阳杂俎》记载：“遇大鱼，辄放墨。”描述的是乌贼的应激性。东晋《湘中记》记载：“零陵有石燕，形似燕。”记录的是腕足动物化石。明代的《谭子雕虫》是一部主要记录昆虫形态、行为的著作，书中记载了蜜蜂和蚂蚁的社群行为，《周易·系辞下》记载：“尺蠖之屈，以求信也。”意思是尺蠖弯曲身体是为了伸展前进，这表现了生物通过屈体实现伸展的生存策略。《闽中海错疏》记载：鳗“产在咸淡水之介。”这说明古人已经发现了鳗鱼的洄游现象。

四、古代自然哲学

中国古代哲学家如庄子、老子的思想中包含着对自然和生命的深刻理解。庄子的“逍遥游”体现了对生物自由状态的向往，而老子的“道法自然”则强调了顺应自然规律的重要性，这些都是生物学教学中的重要思想资源。张载的《张子正蒙》强调自然界维持平衡和自然秩序的重要性，暗示物质和能量的不断循环转化，这个概念与对物质和能量不断循环且永不枯竭的理解相一致。《庄子·秋水》提出“无以人灭天”，主张尽量减少对生物体生长的干扰，倡导生态和谐的理念。《孟子·梁惠王上》提出“不违农时，谷不可胜食也……斧斤以时入山林，材木不可胜用也”，指出遵循自然规律的必要性，确保资源的可持续开发。

五、古典戏剧

中国古典戏剧如昆曲、京剧等，其中许多剧目涉及自然和生物，传递出人与自然和谐共生的理念、图腾崇拜意识等。表演中人扮演动物的角色，称作“某形”，如猪形、羊形。《武松打虎》中的虎就是由人来装扮的虎形。元代的戏曲作品中出现了一些动物角色，这些动物不再是传统意义上人们所理解的单纯的自然界中的动物，它们有的以其鲜明而独特的形象存在于作品中，串联了整部剧作的情节内容，如猿猴、龙；有的不能构成一个独立的形象，在作品中主要起到促进剧情发展或渲染人物感情的作用，如蝴蝶、兔子、大雁、狗等。

《牡丹亭》中有“停半晌，整花钿。没揣菱花，偷人半面”的唱词，这里的菱花指的是背面雕刻有菱花纹饰的仿古铜镜。在植物学中，菱为菱科菱属，一年生水生草本植物。再比如，“那荼蘼外烟丝醉软”“是睡荼蘼抓住了裙钗线”，暗示着主人公刚刚目睹春天的美丽，便将要郁郁寡欢而死的悲剧。

六、神话传说

《山海经》早在4000多年前就已成书。现在的通行版本包括18卷，是一部涉及历史、地理、民族、神话、气象、生物、医药、水利、矿产等各方面内容的上古百科全书，是人类文明远古时期的博物巨著。据科学家的不断研究发现，《山海经》中所描绘的大部分动物都是真实存在的，超过300种的动物可以识别到它们的名称和分布区。教师在教学中引入《山海经》中对奇异生物的描述，可以激发学生对生物学的兴趣，并作为探讨生物多样性和进化理念的素材。《山海经》中的神话生物凤凰和比翼鸟可以丰富“鸟”的篇章，为学生提供有趣的见解。通过“夸父逐日”的神话故事，教师可以带领学生探索基本的生物学原理，了解生物体对光和热的基本需求。

七、传统节日、节气与习俗

二十四节气的气候特点与初中生物学科紧密相连。例如，“鸿雁来”“玄鸟至”描绘了候鸟随季节变化而迁徙的行为；霜降时的“豺乃祭兽、草木黄落、蛰虫咸俯”现象，体现了动植物对低温环境的适应；立春时节，豌豆花盛开，了解其特征有助于深入理解遗传学；小满时，小麦等谷物丰收，可作为研究单子叶植物形态结构的实例。立春节气，可以观察豌豆花的结构以及尝试人工辅助授粉；雨水节气，鸟类活动频繁，教师可引导学生在学习鸟类形态结构、生理功能的基础上，利用望远镜等工具在特定场所进行观鸟活动；立夏节气，枇杷成熟，可以体验采摘枇杷并制作蜜炼枇杷膏；芒种节气，正值我国传统节日端午，可以洗粽叶、浸糯米、包粽子，制作传统美食粽子；大暑节气，可利用臭黄荆制作特色小吃“翡翠豆腐”；白露节气，龙眼成熟，教师可引导学生探究适宜龙眼生长的地理因素及了解其种植历史。节气中的“蚯蚓结”现象，即蚯蚓因气温下降而进入冬眠状态，与冀少版教材七年级上册第一单元《我们身边的生命世界》中第四章“多种多样的动物”第三节“环节动物”中蚯蚓的内容相联系，让学生能更深刻理解蚯蚓的生理机制，同时加深对环节动物的认识。另外，“冬至吃鲫”这一习俗与人教版八年级上册生物学《鱼类》这一节内容紧密相关，可以引申出鱼类适应水生环境的特征、鲫鱼的营养价值以及鲫鱼与人类的关系等丰富内容。因此，可以将“冬至吃鲫”作为冬至节气的主要教学资源，帮助学生更全面地掌握初中生物学中关于鱼类的知识。学生通过对不同节气的相关知识的学习，体验每个节气的独特物候，深入探究生物学知识，了解自然界的变化规律，实现节气知识与生物学科知识的有机结合。

此外，传统节日中也蕴含着丰富的传统文化和生物知识。在初中生物教学中，教师将传统节日中的生物知识与教学内容结合，可以帮助学生更好地理解和记忆生物知识，并加深对传统文化的认知。例如，春节是中华民族最重要的传统节日之一，也是与动物相关的节日。在春节期间，许多食物和装饰物都与动物有关。在生物教学中，教师可以将春节中与动物相关的文化习俗与生物学相关的知识相结合，探究动物的生命、生长发育、习性、生存环境等。清明节是一个与植物相关的传统节日。在清明节期间，人们会祭拜祖先、扫墓祭奠，还会在墓前植树、种花等。教师可以将清明节的植物文化与植物生物学相关知识相结合，引导学生探究植物的生长发育、繁殖方式、适应环境等内容。

第二节　农业生产类资源

利用农业生产类教学资源来进行生物学教学实践时，可以从一些古代的科技书籍里寻找灵感。

《天工开物》《农政全书》等古代科技文献中记载了大量与农业、园艺、畜牧等相关的生物学知识，可以作为生物学与农业生产实践相结合的教学资源。《黄帝内经》《神农本草经》和《金匮要略》等古代文献在当今的生物技术领域仍然具有一定的指导意义。《豳风广义》有对柘蚕与桑蚕的记载，柘蚕和桑蚕是蚕的不同品种，柘蚕吃桑叶，结出很好的蚕茧；而桑蚕吃柘叶，结出的茧非常薄，蚕丝数量很少。唐代陆羽所著的《茶经》是世界上第一部茶叶专著，该书共有三卷十节，七千余字，内容涵盖茶的栽培、采摘、制造、煎煮、饮用等基本知识，对迄至唐朝的茶叶的历史、产地、功效等方面也作了说明，是当时有关茶叶知识和实践经验的总结。

从人教版教材内容分析，与农业生产方面结合比较紧密的内容当属植物的生长和发育相关知识，如播种应当在适当的季节进行，并注意浇水、选种等环节。

生物知识和这些农业现象联系起来，学生就可以直观地将生物知识具体化，从而更容易掌握和理解相关知识并能应用知识解决实际问题。这种教学方式不仅有助于学生提高学习成绩，也能提高其综合素质。

第三节　医学科研类资源

医学知识是生物学知识的重要部分，初中学生思维敏捷，充满活力积极向上，心理与生理处于成长的关键时期，也是养成健康生活理念的重要时期。生物学知识涵盖人体内各种生理活动的相关内容，因此，与其他学科相比，生物课堂最适合渗透医学知识。而且初中阶段的生物学科内容与医学内容有较多的结合点，联系生活实践经验渗透医学知识，有利于提升生物学科的教学质量及树立正确的医学理念。例如，在七年级上册《细胞通过分裂产生新细胞》一节后的“科学·技术·社会”栏目介绍了“脱缰之马癌细胞”，指出癌细胞是由正常细胞变化而来的。细胞癌变后，分裂非常快而且可以不断分裂并转移，并介绍了预防癌症的方法，这对于学生而言具有很强的现实指导性。有学生表示，看了这篇文章后，才知道自己以前的生活习惯很不好，如总喜欢吃烧烤食品，不吃蔬菜等，今后一定要改正。

学生通过掌握生物学中的植物、动物分类方法，在日常生活中能够辨别身边常见动植物的基本特征，有助于学生了解基础的医药知识，更能激发学习兴趣，保证医药文化的可延续性。

第四节　民俗文化类资源

《义务教育生物学课程标准(2022年版)》指出：“凡是能促进学生主动学习、促进学生更好地理解和掌握学习内容、促进学生核心素养提升的资源都应该加以开发与利用”。这为初中生物学课程资源的开发指明了方向。民俗类文化资源在初中生物学教学中具有独特的价值，通过融入民俗文化，可以激发学生的学习兴趣，增强对民族文化的认同感与自豪感。同时，民俗文化类资源还能丰富教学内容，为初中生物学教学提供生动有趣的素材。

比如，壮族人餐桌上的主食以大米为主，以大米为原料的食品有米饭、豆饭、五色饭、竹筒饭、香煸米、艾草粥、大年驼背粽、状元粽、牛角粽、羊角粽、马脚杆、蕉叶糍、素火糕、鱼生米粉等，壮族人对米的烹饪方式多种多样，以米为原料的食物种类非常丰富。七年级下册第四单元第二章“人体的营养”包括“食物中的营养”“消化和吸收”“合理营养和食品安全”等内容，教师在讲解时可以通过让学生观察和品尝壮族传统美食，说出其中含有哪些营养物质，并在引导学生设计营养食谱时，结合壮族常见的日常美食进行搭配，这样更贴近学生的真实生活，引导学生将理论联系实际，真正理解合理营养的重要性。

摩梭人通过独创的酿酒技艺酿造的苏里玛酒，意思是“醇香之酒”，又叫作“日寄”，意为黄酒。除了苏里玛酒之外，还有一种咣当酒，又称为“布日”，即白酒。由于苏里玛酒的酒精度较低，既可作为酒类珍藏，也可直接饮用，在摩梭人的日常生活中占有十分重要的地位。其酿造过程中的密封发酵、保持适宜的温度等因素都与微生物发酵所需的条件具有密切的关系。在八年级上册第五单元第四章中介绍了细菌、真菌和人类利用细菌、真菌相关知识，将第五节的“米酒制作”与苏里玛酒制作相联系，让学生尝试贯通类似知识，从而对于传统民俗技艺形成更加深入的理解。

通过这些中华传统文化教学资源的融入，生物学教学不仅能够丰富学生的知识视野，还能够提升其文化素养，培养科学精神和审美情感。教师可以根据教学内容和学生的实际情况，灵活运用这些资源，设计富有创意和教育意义的教学活动。

实践篇

第三章
中华传统文化融入初中生物学的教学实践

第一节　中华传统文化融入课堂教学

一、中华传统文化融入课堂教学的思路及策略

（一）引言

1. 中华传统文化的重要性和价值

中华传统文化是中华民族数千年文明智慧的结晶，具有极其重要的意义和价值，主要体现在以下几个方面：

（1）传承历史与文化：中华传统文化是中华民族的精神纽带，它记录了先辈们的智慧和经验，承载着丰富的历史记忆，是民族文化遗产的重要载体。通过学习传统文化，我们能够深入了解和传承民族的历史、价值观和传统习俗，维护文化的连续性和独特性。

（2）培养道德与品德：中华传统文化强调道德伦理和品德修养。它教导人们如何做人、如何处事，强调仁爱、诚信、孝道、礼仪等价值观。这些传统美德对于个人的成长和社会的和谐发展具有不可估量的重要性。

（3）塑造民族精神：中华传统文化是塑造中华民族精神的重要力量。它培养了民族的自尊心、自豪感和凝聚力，激发了对祖国的热爱之情和奉献精神。传统文化中蕴含的爱国主义、集体主义等价值观，对于国家的繁荣和稳定具有深远意义。

（4）促进社会和谐：中华传统文化注重人际关系、家庭伦理和社会秩序。它提倡尊老爱幼、和睦相处、守望相助等观念，有助于建立和谐的社会关系，形成良好的社会风尚。

（5）丰富人类智慧：中华传统文化包含了哲学、文学、艺术、科学等丰富知识体系，是人类智慧的宝库。它为人们提供了思考和创新的源泉，对人类文明的进步作出了重要贡献。

综上所述，中华传统文化具有不可替代的价值。它是民族的根和魂，为我们提供了精神支撑和文化自信。我们应该珍视、传承和弘扬中华传统文化，让其在现代社会中继续发挥积极作用。

2. 生物课堂教学中融入传统文化的意义

在生物课堂教学中融入传统文化具有重要的意义，它可以为学生提供更丰富的教育体验，推动跨学科学习，并促进学生对传统文化的尊重和理解。

(1)丰富课程内容：传统文化的融入可以为生物课堂增添多样性和趣味性。通过将传统文化中的生物知识、医学知识、农业知识等与生物教学相结合，可以拓宽学生的视野，让他们从不同的角度认识和理解生物学科。

(2)培养跨学科思维：传统文化与生物学科的结合有助于培养学生的跨学科思维，促使学生运用不同领域的知识和方法来解决问题，从而提高综合分析和创新能力。

(3)增强文化自信：了解和传承传统文化可以增强学生的文化自信。通过学习与实践传统文化中的生物学知识，学生能够感受到民族文化的独特魅力，激发对传统文化的尊重和热爱。

(4)促进品德教育：传统文化中蕴含着丰富的品德教育资源。将传统文化中的道德观念、价值观念与生物教学相结合，有助于培养学生的道德品质和社会责任感。

(5)提高学习兴趣：传统文化中的故事、传说等生动有趣的传统文化元素可以激发学生的学习兴趣，吸引学生更多地关注生物学知识，从而提高学习的积极性和主动性。

总之，将传统文化融入生物课堂教学可以为学生提供更丰富的学习体验，培养跨学科思维能力，增强文化自信，促进品德教育，并提高学生的学习兴趣，从而为学生的综合发展和全面成长奠定基础。

(二)教学思路

1. 培养学生对中华传统文化的认知和兴趣

生物课堂不仅是传授生物学知识的场所，也是培养学生对中华传统文化的认知和兴趣的重要平台。

(1)引入中华传统文化故事：在讲解生物学知识时，可以引入与之相关的中华传统文化故事。例如，在讲解植物的生长过程时，教师可以引入“神农尝百草”的传说，让学生了解中医药文化的起源。

(2)对比中西文化差异：通过比较中西方在生物学领域的不同观点和方法，让学生感受到中华传统文化的独特之处。例如，在讲解遗传学时，可以将中国古代的“滴血认亲”和现代的DNA鉴定技术进行对比。

(3)开展实践活动：组织学生进行与中华传统文化相关的生物实践活动。例如，在学习发酵技术相关知识时，可以让学生动手制作豆腐、酱油等传统食品，以了解中国古代的发酵技艺。

(4)利用多媒体资源：借助图片、视频等多媒体资源，展示中华传统文化在生物领域的应用和成就。例如，播放关于中国古代农业文明的纪录片，让学生了解中华民族在农业生产方面的智慧与创造力。

(5)举办专题讲座：邀请专家或学者举办关于中华传统文化与生物学的专题讲座，让他们以专业的视角，引领学生深入了解两者之间的联系，以及其中蕴含的文化内涵与科学原理。

2. 强调传统文化与现实生活的联系

在生物课堂教学中，强调传统文化与现实生活的联系具有重要意义。通过整合传统文化知识与生物学知识，可以使学生更好地理解生物学原理，提高学生的综合素质。例如，在讲解遗传学时，教师可以结合中国传统的家族观念和宗族文化，让学生了解基因传递的规律及其影响，从而引导学生掌握遗传学的基本概念，并理解传统文化对现代社会的影响。

总之，在生物课堂上强调传统文化与现实生活的联系，有助于培养学生的文化素养、增强民族认同感、提高教学质量。

3. 以学生为中心，注重体验和参与

在以学生为中心的生物课堂与传统文化教育相结合的实践中，应强调学生的主体地位，注重学生对传统文化的体验与参与，从而促进学生更积极地投入学习过程，提高他们对生物学知识的理解和应用能力。

(1)角色扮演：让学生扮演古代的生物学家或医学家，通过模拟古代的实验或医疗过程，深入探究传统文化中的生物学知识。

(2)实地考察：组织学生参观中医药博物馆、植物园等与传统文化相关的场所，让他们亲身体验传统文化与生物学知识的内在联系。

(3)动手实践：让学生参与传统文化活动，如制作中药香囊、酿造传统酒类等，通过实践操作来提高学生的动手能力和对生物学知识的应用能力。

(4)小组合作：将学生分成若干小组，让他们共同研究一个与传统文化相关的生物学课题，并通过小组讨论、资料搜集和汇报展示等活动，培养学生的团队合作能力和探究精神。

(5)故事分享：让学生分享与传统文化相关的生物故事，如古代名医的传说、动物寓言等，通过生动的故事来激发学生对传统文化的兴趣。

通过以上方法，可以激发学生在生物课堂中的学习主动性，提高他们对传统文化的认知水平和兴趣，同时有助于培养学生的综合素质和创新能力。

4. 注重文化传承与创新相结合，培养学生的文化自觉和文化自信

在将中华传统文化融入课堂教学的过程中，教师应注重文化传承与创新的结合，既要让学生了解和掌握中华传统文化的基本知识，又要引导学生在学习过程中发现问题、解决问题，从而培养他们的创新精神和实践能力。同时，教师还应通过课堂教学，培养

学生的文化自觉和文化自信，使其在继承和发扬中华优秀传统文化的过程中，在传承中创新，在创新中发展，感受文化魅力，并形成独特的文化理解与表达方式。

5. 强调跨学科融合，拓宽学生的知识视野

中华传统文化涉及文学、历史、哲学、艺术等多个学科领域，教师在课堂教学中应重视跨学科融合，促进不同学科的知识相互渗透，以拓宽学生的知识视野，并通过精心设计的跨学科教学活动，使学生在学习中华传统文化的过程中，能够全面、系统地了解和掌握相关学科知识，提升综合素质。

（三）教学策略

1. 利用多媒体资源，展示中华传统文化

在生物课堂中，运用多媒体资源展示中华传统文化是一种行之有效的教学方法。通过图片、视频等多元化媒介，可以让学生更直观地了解和感受中华传统文化的魅力。

例如，在学习植物学相关知识时，教师可以利用多媒体资源展示不同植物的形态特征、生长环境和采集加工过程。通过观看高清图片和视频资料，学生可以更直观地观察并了解植物的特点，从而加深对相关知识的理解和记忆。

此外，在学习遗传学相关知识时，教师可以利用多媒体资源展示中国传统的家族观念和宗族文化。通过播放相关的历史纪录片或动画片段，学生可以了解家族树的绘制方法和基因传递规律。同时，教师还可以引导学生思考传统宗族文化对现代社会的影响等问题。

2. 传统文化作品赏析

在生物课堂中，组织学生开展传统文化作品赏析活动，可以通过以下步骤来进行：

（1）选择适合的作品：选择与生物学科相关的传统文化作品，如中医药典籍、古代农书、寓言故事等。这些作品可以帮助学生了解传统文化作品中对生物现象的记录和思考。

（2）设立阅读时间：在课堂上专门安排一段时间供学生阅读传统文化作品，可以采取小组阅读或全班共同阅读的形式，并让学生有足够的时间深入理解作品。

（3）引导阅读和讨论：教师引导学生在阅读过程中思考问题、提出疑问，并组织小组或全班进行讨论，帮助学生深入理解作品中的生物学现象。

（4）分析作品中的生物学观点：在阅读和讨论后，教师可以引导学生分析作品中所蕴含的生物学观点和原理，并引导学生将传统文化与现代生物学知识相联系，拓展思维。

（5）欣赏艺术作品：除了文字作品，还可以引导学生欣赏与生物主题相关的艺术作品，如绘画、雕塑、摄影等。这些作品往往较直观地展示了生物学现象，有助于学生从不同角度理解生态系统的复杂性和生物多样性，并提升了艺术鉴赏力。

（6）举办作品分享会：组织学生通过演讲、展示或小组讨论的形式，分享自己对传

统文化作品中相关生物学知识的感悟和理解。

3. 传统文化情境体验

通过角色扮演和情景模拟，可以让学生在生物课堂中亲身体验传统文化情境。

(1)情境选择：选择与生物学科相关的传统文化情境，如中医药文化、农耕文化、传统饮食文化等，并使之与生物学科的知识点相结合，让学生在体验过程中更好地理解和掌握相关知识。

(2)编写剧本：根据所选择的传统文化情境，编写简单的剧本。剧本中应包含角色设定、背景介绍、情节发展等内容，为学生提供明确的指引。

(3)分配角色：将学生分成若干小组，每个小组成员分配不同的角色，或者让学生自行选择角色，也可以根据学生的特点和能力进行分配。

(4)进行排练：给学生充足的时间进行排练，让他们熟悉自己的角色和情节。在排练过程中，教师可以提供指导和建议，帮助学生更好地理解和表现角色。

(5)实施情景模拟：在课堂上开展情景模拟活动，让学生按照剧本进行角色扮演，并设置相应的场景，以增强学生对传统文化情境的沉浸式体验。

(6)反思与讨论：情景模拟结束后，组织学生进行反思和讨论。让学生分享自己在角色扮演过程中的体验和感受，讨论传统文化与生物学科的联系，以及传统文化在现代社会中的应用和价值。

需要注意的是，在实施过程中，教师要确保学生对相关知识具有一定的了解，并提供必要的指导和帮助。此外，教师还可以引导学生进行讨论和总结，让学生分享自己的体验和感受，从而进一步加深对传统文化情境的理解。

4. 传统文化活动实践

在生物学课堂中融入传统文化实践活动，如书法、绘画、手工制作等，可以通过以下具体步骤进行：

(1)结合课程内容：选择与生物学科相关的传统文化实践活动，如绘制动植物的水墨画、用橡皮泥制作细胞模型等。通过将传统文化活动与学科知识相结合，能激发学生的学习兴趣，提高他们的课堂参与度。

(2)跨学科合作：与美术、书法等学科教师合作，共同设计和实施传统文化实践活动，从而充分发挥各学科教师的专业优势，为学生提供全方位的学习体验。

(3)提供资源和指导：为学生提供相关的书法、绘画或手工艺材料和工具，并给予基础的指导和技巧培训。可以通过示范教学、视频教程或现场指导等方式，帮助学生掌握基本技能和创作方法。

(4)分组活动：将学生分成若干小组进行传统文化实践活动，鼓励他们在小组内相互合作、交流和分享。这样有助于培养学生的团队合作能力，激发他们的创造力。

(5)展示与评价：给学生提供展示作品的机会，如举办班级展览、校内展示会等。同时，鼓励学生进行自我评价和相互评价，以提高他们的艺术欣赏能力和表达能力。

(6)延伸拓展：引导学生进一步探索相关的传统文化领域，如参观艺术展览、了解民间手工艺等不仅能拓宽学生的视野，也加深了他们对传统文化的理解和热爱。

通过开展传统文化实践活动，不仅能够丰富生物课堂的教学形式，还可以有效提升学生的艺术修养、创造力和综合素质。同时，这类活动也有助于传承和弘扬中华优秀传统文化，增强学生的文化认同感与文化自信。

5. 跨学科整合

跨学科整合是提升教学效果的重要教学方法，将生物课堂中传统文化元素与其他学科相结合，有助于提高学生的综合素质。

(1)语文与生物的结合：在生物课堂上，教师可以引导学生阅读与生物学相关的古典文学作品，如《诗经》《山海经》等。通过分析这些作品中描绘的自然场景及其寓意，学生不仅可以更好地理解生物学知识，而且能提高自己的文学素养。

(2)历史与生物的结合：在学习生物进化论时，教师可以结合历史背景，让学生了解达尔文、孟德尔等科学家的生平事迹和他们的研究成果对生物学发展的影响。此外，还可以让学生了解中国古代农业科技的成就，如水稻育种、桑蚕养殖等，以增强对生物学历史的认知。

(3)美术与生物的结合：在生物课堂上，教师可以组织学生进行动植物绘画创作。通过观察和描绘动植物的形态特征，学生能够提高审美能力和绘画技巧，同时加深了对生物学知识的理解和记忆。

(4)数学与生物的结合：在学习遗传学时，教师可以引导学生运用概率论和统计学的知识，分析基因传递规律和遗传病的发病率，从而促使学生更好地理解遗传学的基本原理，并提高数学应用能力。

(5)地理与生物的结合：可以讲解不同地理环境中的特色中药材，并分析地理因素对中药材生长的影响。

(6)化学与生物的结合：可以讲解中药炮制过程中的化学变化，以及中药有效成分的提取和分析方法。此外，光合作用中产生的各种物质的检测都需要借助化学检测方法。

跨学科整合有助于学生从多个角度深入了解生物学知识，并能有效提高学生的综合素质、激发学生的学习兴趣，改善教学效果。

6. 专家或民间艺人讲座或参观工作坊

在生物学课堂中融入传统文化元素，可以通过邀请专家或民间艺人举办讲座，或者带领学生参观工作坊等方式来实现。

(1)确定主题：首先，教师需要确定一个与生物学知识和传统文化密切相关的主题，如中医药、传统农业技术、民间艺术等。这将有助于建立生物学科与传统文化的联系，吸引专家或民间艺人的参与，同时让学生更好地理解生物学知识。

(2)寻找合适的专家或民间艺人：教师可以通过网络搜索、联系相关机构或向同行请教等方式，寻找具有丰富经验和专业知识的专家或民间艺人。在选择时，要充分考虑其专业背景、实践经验和教育能力等因素。

(3)安排讲座或工作坊：在确定了主题和专家后，教师需要与他们沟通，商定讲座或工作坊的时间、地点和内容等细节。同时，还要确保该活动能够与学校的教学安排和预算要求相契合，以保证活动的顺利实施。

(4)宣传和组织学生参与：为了让更多的学生了解并参与活动，教师需要提前进行宣传，包括制作海报、发放传单、在学校网站和社交媒体上发布信息等。此外，还可以通过班级、社团等渠道组织学生报名。

(5)反馈和总结：活动结束后，教师要及时收集学生的反馈意见，以此评估他们对活动的满意度和学习收获，并对活动进行总结，分析成功经验和不足之处，为今后类似活动的开展提供参考与借鉴。

7. 中华传统文化探究

引导学生进行传统文化与生物学知识相结合的探究活动，可以采取以下几个步骤：

(1)提出问题：教师可以结合生物学知识和传统文化特色，提出一些具有挑战性和启发性的问题，如“中医药如何利用生物活性成分治疗疾病?”“传统农业技术如何利用生物多样性提高产量和抗病能力?”等。

(2)分组讨论：将学生分成若干小组，让他们在课堂上或课后进行讨论，共同探讨问题的解决方案。教师要鼓励学生积极发表观点，提出假设并构思解决方案。

(3)查阅资料：指导学生利用图书馆、网络等渠道，查阅与问题相关的文献资料，了解前人的研究成果和经验教训。同时，教师可以推荐一些优秀的科普读物和视频资源，帮助学生拓宽知识视野。

(4)实验设计：根据问题的性质和研究目标，指导学生设计实验方案，包括实验材料的选择、实验方法和步骤的安排等。其间，教师要关注实验的安全性和可行性，确保学生能够顺利完成实验。

(5)结果分析与展示：在实验结束后，要求学生对实验结果进行分析和总结，并以撰写研究报告或制作 PPT 等形式进行成果展示。教师要对学生的表现给予充分的肯定和鼓励，激发他们继续探索的兴趣和动力。

(四)教学评估与反思

1. 设计多样化的评估方式

在生物课堂中融入传统文化元素，设计多样化的评估方式，可以更好地激发学生的学习兴趣和创造力，也能够提高综合素质。

(1)作品展示：让学生通过绘画、剪纸、手工制作等方式，创作与生物学知识相关的作品，如画出细胞结构图或者制作动物标本，并进行展示和评价。

(2)报告演讲：让学生选择与生物学相关的主题，进行深入研究并撰写报告，如介绍中药的历史渊源和应用价值，然后在课堂上进行演讲和交流。

(3)讨论辩论：组织学生进行小组讨论或辩论，让他们就某个生物学问题展开思考和讨论，如探讨基因编辑技术的利弊得失，并在讨论结束后记录主要观点。

(4)实践操作：让学生通过实验或者野外考察等活动，亲身体验生物学知识的应用，如让学生观察植物的生长过程或者采集昆虫标本。

(5)个人总结：要求学生对所学内容进行总结和归纳，形成学习笔记或者心得体会，如让学生写一篇关于生物技术未来发展的展望性文章。

总之，在生物课堂中结合传统文化来设计多样化的评估方式，不仅能让学习变得更有趣，也能更好地促进学生的全面发展和综合素质的提升。

2. 鼓励学生自我评价与开展同伴评价相结合

在生物教学中鼓励学生进行自我评价和同伴评价，可以更好地培养学生的自主学习能力和团队合作精神。

(1)自我评价：要求学生在学习过程中进行自我反思和总结。

(2)同伴评价：组织学生进行小组讨论或辩论，让他们就某个生物学问题展开思考和交流。在讨论结束后，要求学生互相评价对方的表现和贡献。

总之，在生物课堂中鼓励学生进行自我评价和同伴评价，可以更好地促进学生在学习过程中增强自主学习意识和合作精神。

3. 教学反思及教学策略调整

在生物课堂中融入传统文化，教师需要及时进行教学反思，并通过观察学生的课堂表现和作业反馈来调整教学策略，以增进教学效果。

(1)反思教学内容：教师应该对所教授的生物学知识进行深入思考和研究，确保内容的准确性、全面性、生动性。同时，还需要考虑如何将传统文化与生物学知识相结合，并能让学生更好地理解和掌握。

(2)反思教学方法：教师应该不断尝试多样化的教学方法和技术手段，如多媒体教学、实验演示等方式，以激发学生的学习兴趣和创造力。

(3)反思评估方式：教师应该根据学生的实际情况和需求来设计多样化的评估方式，以全面评价学生的学习成果和发展情况。例如，可以采用作品展示、报告演讲、讨论辩论等多种方式进行评估。

(4)反思师生互动：教师应该注重与学生的互动和交流，鼓励学生提出问题、发表观点、分享经验等。同时，应及时给予学生反馈和指导，帮助他们克服困难、提升学习效果。

（五）总结与展望

1. 总结中华传统文化融入课堂教学的效果和收获

中华传统文化是中华民族数千年文明积淀的结晶，蕴含着丰富的哲学思想、道德观念、艺术形式、科学技术等多元内容。将中华传统文化融入课堂教学，不仅有助于培养学生的文化素养和民族自豪感，还能拓展学生的知识面，提高学生的综合素质。在此将从以下几个方面总结中华传统文化融入课堂教学的效果和收获。

首先，有助于培养学生的文化自信。在全球化背景下，文化交流日益频繁，学生需要具备坚定的文化自信，才能在国际舞台上展现自己的风采。通过学习中华优秀传统文化，学生可以深入了解中华民族的优秀传统和独特魅力，从而增强文化自信。同时，中华传统文化中的道德观念、价值观念等也能帮助学生树立正确的人生观、价值观，为其未来发展奠定坚实的基础。

其次，有助于拓宽学生的知识面。中华传统文化涵盖了哲学、文学、历史、艺术、科学等多个领域，内容丰富多样。将这些知识融入课堂教学，可以让学生在学习专业知识的同时，接触更广泛的知识体系。此外，中华传统文化中的许多内容与现代科学、技术、艺术等领域有着密切的联系，通过学习这些跨学科的内容，能提升学生的创新能力与解决问题的能力。

再次，有助于提高学生的综合素质。在课堂教学中，教师可以通过讲解、讨论、实践等多种方式，引导学生深入思考、积极探究，从而提高他们的综合素质。同时，中华传统文化中的许多艺术形式，如书法、绘画、音乐、舞蹈等，都是美育的重要组成部分，也有助于学生的审美能力和艺术素养的提高。

最后，有助于促进学生的人际交往能力。在课堂教学中，学生需要与同学、教师进行沟通交流，分享自己的观点和看法。同时，通过学习中华传统文化，学生可以了解到中华民族的礼仪规范、交际技巧等，以及中华传统文化中故事、典故等蕴含的丰富的人生智慧，有助于学生掌握处理人际关系的技巧，进而提升人际交往能力。

2. 展望未来，持续探索和创新教学方法

在生物课堂中融入传统文化元素，可以让学生更好地理解生物学知识，激发学习兴趣，同时在潜移默化中传承和弘扬中华优秀传统文化。教师应该持续探索和创新教学方法，让生物课堂更加生动有趣、富有内涵。一是以故事为载体，讲述生物学知识。二是利用传统艺术形式，如绘画、剪纸等，来表现生物学知识。三是结合传统节日来开展生物学主题活动。四是利用传统文化遗产，如古建筑、文物等来展示生物学知识。五是通过传统手工艺制作，培养学生的实践能力和创新精神。

二、教学课例及解析

类型一：文学知识类

成语中的生物学知识

——“生物的特征”教学设计

一、教材分析

人教版教材(2011年版)中构建了以人与生物圈为主线的内容体系，将生物和生物圈作为第一单元，以“认识生物”作为第一章，以“生物的特征”作为第一节，说明了本课在教材中占有举足轻重的地位。生物学是研究生命现象和生命活动规律的科学，形形色色的生物及其生活环境，都是生物学的研究对象。只有了解了什么是生物，生物具备哪些基本特征，才能为进一步学习生物学打下坚实的基础。

二、学情分析

七年级学生朝气蓬勃，热爱大自然，对新奇的事物充满好奇，希望探索其中的奥妙。他们在小学科学的学习中接触过植物、动物、细胞和人体等生物学相关知识，但学习活动仅仅停留在浅显程度，很难准确地定义生物、描述生物的特征或指出生物和非生物的区别等。

三、教学目标

(1)观察、比较生物和非生物，概述生物与非生物的异同点，并举例说明生物具有的共同特征，认知生物具有共同的生命特征的观点。(生命观念、科学思维)

(2)通过跨学科探究成语的意义，分析解释成语中蕴含的科学道理，感受古人的智慧，培养辩证分析的科学态度。(探究实践、态度责任)

四、教学重难点

(1)教学重点：生物的共同特征。

(2)教学难点：生物的共同特征。

五、教学准备

生物与非生物的相关图片、教学课件。

六、教学过程

(一)导入新课

教师用多媒体展示校园环境的照片，播放机器人表演的视频。

问题导入：上面展示的都是生物吗？相信同学们一定认识不少生物。你能说出这些生物共同的特征吗？今天就让我们一起来走进生物的世界，探究其中的奥秘。

(二)探究新知

1. 探究一：科学探究的方法——观察

(1)教师过渡：要了解生物的基本特征，我们首先要对生物进行观察。

教师引导学生阅读教材 P2 中“科学方法”的相关内容，并提问：你认为什么是观察？进行科学观察时需要注意哪些事项？

教师讲述：观察是科学探究的一种基本方法。观察的基本要求：①要有明确的目的。②要全面、细致和实事求是，并及时记录。③对于需要较长时间的观察，要有计划和耐心。④要积极思考，多问几个“为什么”。

(2)教师组织课堂活动——观察生物和非生物

教师：请同学们准备好纸和笔，我们来观察一组图片(出示图片)，请大家边看边将画面中的生物和非生物分开记录下来，看谁记得最多，分得最准确。

学生一边认真观看一边记录。

教师及时评价，可以先从数量上了解情况，如记录了 3 种生物的同学请举手，4 种以上的同学请举手，5 种以上的同学请举手等。然后请 2~3 名同学谈谈记录情况，并给予评价和鼓励。

教师提问：你们是怎样把它们区分开的呢？

学生回答：生物是有生命的。

2. 探究二：生物的特征

(1)生物的生活需要营养

组织学生阅读教材内容并思考：①植物怎样获得营养物质？②动物怎样获得营养物质？

教师展示图片并讲述(见图 3-1)：

图 3-1　大自然中的生物

①绿色植物从外界吸收水、无机盐和二氧化碳，通过光合作用合成自身所需要的葡萄糖、淀粉等有机物。

②动物不能自行合成有机物，它们以植物或其他动物为食，从中获得营养物质，维持生命活动。

(2) 生物能进行呼吸

教师用多媒体展示图片(见图 3-2)：

图 3-2　鲸鱼呼气时产生的水柱

教师讲述：鲸呼气时会产生雾状水柱，鲸需要时常浮出水面进行换气。人类也是一样，人体从出生到生命的最后一刻都不能停止呼吸。绝大多数生物需要通过呼吸作用获取氧气，排出二氧化碳。

教师提问：植物也需要从外界吸收氧气吗？

学生思考后回答。

教师讲解：植物需要从外界吸取氧气，以维持自身的代谢需求。通过呼吸作用，植物分解有机物，利用氧气进行代谢，为其各项生命活动提供能量。

(3) 生物能排出身体内产生的废物

教师用多媒体展示图片(见图 3-3)：

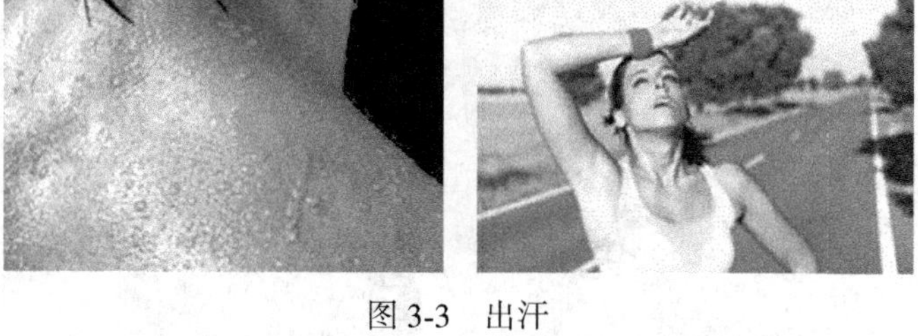

图 3-3　出汗

教师提问：生物在生存过程中，体内会不断产生多种代谢废物，并通过特定的机制将废物排出体外。请同学们想一想，动物都是通过哪些方式排出其代谢废物呢？植物也会产生代谢废物吗？它们排出代谢废物的方式又有哪些呢？

学生分小组讨论后回答。

教师讲解：动物和人通过多种方式排出体内废物。例如，人可以通过出汗、呼出气体和排尿等方式将废物排出体外。植物也会产生代谢废物，其落叶能带走一部分废物。

(4) 生物能对外界刺激作出反应

教师用多媒体播放猎豹追捕羚羊的视频并展示图片(见图 3-4)：

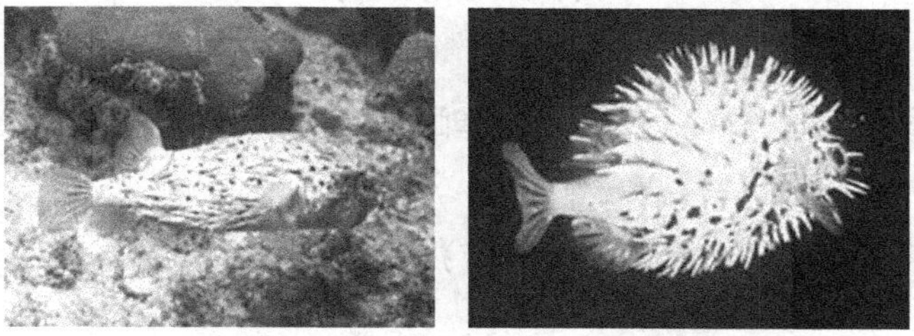

图 3-4　平静时的刺鲀与受到惊吓后的刺鲀

教师讲解：生物能够对来自环境中的各种刺激作出特定的反应。猎豹在发现猎物后，能迅速追击，羚羊发现敌害后迅速奔跑；刺鲀在平静和受到惊吓状态下的不同表现——这些都是生物对外界刺激作出反应的表现。

教师提问：植物会对外界刺激作出反应吗？

学生思考后回答。

提示：含羞草受到触碰时，展开的叶片会合拢；给农作物施加的化肥过多，会出现烧苗现象；植物具有向光性、向水性、向肥性等。

(5) 生物能生长和繁殖

教师讲述：生物体能够由小长大。生物体发育到一定阶段，就开始繁殖下一代。下面就让我们通过一组图片来了解生物的这一特征。

教师用多媒体展示图片(见图 3-5、图 3-6)：

图 3-5　植物的生长

植物产生种子，种子萌发并长成幼苗，幼苗不断长大。

图 3-6　动物的生长

动物的繁殖方式多种多样。例如，鳄类通过产卵来繁殖下一代，虎、狼等动物通过产仔来繁殖下一代。

蘑菇属于真菌，它能由小长大(见图 3-7)。

图 3-7　蘑菇的生长

(6)生物都有遗传和变异的特性

教师展示图片并讲述：生物体的子代与亲代，在很多方面表现出相似的特征，但总有一部分特征并不相同，这就是生物的遗传和变异的现象(见图 3-8)。

图 3-8　生物的遗传与变异现象

(7)生物的其他特征

教师提问：除了上述生物的特征以外，生物还有其他的特征吗？

学生思考后回答。

提示：除病毒以外，生物都是由细胞构成的，等等。

(三)课堂检测

请说出以下成语中蕴含的生物特征：

(1)飞蛾扑火——生物的应激性，

(2)蜻蜓点水——生物的繁殖行为，

(3)孔雀开屏——生物的繁殖行为，

(4)惊弓之鸟——生物的应激性，

(5)铁树开花——生物的繁殖行为，

(6)螳螂捕蝉，黄雀在后——生物的生活需要营养，

(7)龙生龙，凤生凤，老鼠的儿子会打洞——生物的遗传和变异现象，

(8)叶落归根——生物能排出体内产生的代谢废物。

七、板书设计

第一节　生物的特征

(1)生物的基本特征(见图3-9)

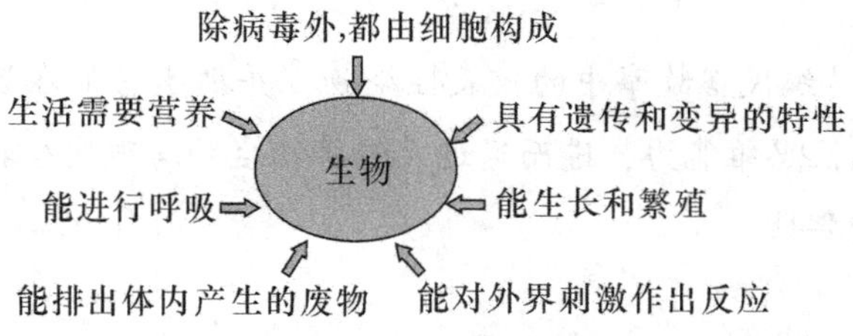

图3-9 “生物的基本特征”板书

(2)生物与非生物的区别：具备生物特性的实体就是生物。

八、教学反思

本节课是初中生物的第一堂课，也是整个初中阶段生物学的起始部分。激发学生对生物学的兴趣成为本节课的第一个重点目标。教师通过多媒体展示，引导学生观察生物，进而总结出生物的基本特征。在课堂检测环节，教师引导学生解读成语里的生物学知识、解释奇特的生命现象，打破学科界限，将科学教育和人文教育结合起来，构建立体的学科思维，培养综合学科素养。

神话与现实：中国传统民俗故事中的生物与生物多样性保护

——“认识生物的多样性”教学设计

一、教材分析

《保护生物的多样性》是人教版教材八年级上册第六单元第三章的内容。生物多样性是地球赐予人类的宝贵财富，是人类赖以生存和发展的基础。本章的核心内容是生物的多样性及其面临的威胁与原因，还提出了保护生物多样性的主要措施。神话传说中的生物通常源自人类丰富的想象力和对自然界的深刻认知，它们在世界各地的文化中扮演着重要的角色，既反映了古人对自然界的敬畏，也体现了人们对未知的探索和解释。这些神话生物虽然不是现实中存在的物种，但它们往往与现实生物有着千丝万缕的联系，在一定程度上促进了人们对生物多样性的认知和保护。

二、教学目标

(1) 通过查阅资料，分析生物多样性衰减的原因，明确自然保护区所属的类型及重点保护的对象，关注我国特有的珍稀动植物。(生命观念，科学思维)

(2) 感受生物多样性面临的危机，阐述保护生物多样性的主要措施，能认识到保护生物多样性的重要意义，意识到保护生物多样性是人类不可推卸的责任。(生命观念、态度责任)

(3) 能列举中国传统民俗故事中的代表性生物，并描述它们在故事中的角色与象征意义，培养学生批判性思维能力，进而通过比较神话生物与现实生物的异同，理解生物多样性的概念及其重要性。

三、教学重点

领会生物多样性的内涵，说明保护生物多样性的意义，了解生物多样性面临的威胁及原因。

四、教学难点

认识到保护生物多样性的紧迫性和艰巨性。

五、教学难点

分析生物多样性面临威胁的原因，并协商和讨论具体的保护措施。

六、教学用具

多媒体 PPT 课件、相关的资料。

七、课前准备

(1) 多媒体材料：使用图片、视频等多媒体来展示神话生物与现实生物的异同，播放生物多样性保护的纪录片。

(2)阅读材料：《山海经》《中国古代神话故事集》等书籍，以及相关的科普文章和保护案例。

八、教学过程

教学流程	教学内容		设计意图
	教师指导	学生活动	
创设情境	**导入**：观看视频《中国古代那些神兽都是怎么来的?》 分组并让学生分享自己熟悉的中国民俗故事，引导学生对比神话生物与现实中的生物，如将凤凰与孔雀、朱雀等鸟类相联系，并探讨生物多样性的重要性。 **设疑**：神话动物在现实中肯定是不存在的，但神话动物不可能是由人类凭空想象而产生，它们往往取材于现实动物，以现实动物为原型，但有些原型动物已经灭绝，有人认为“麒麟”应该是某种已经灭绝的生物，如“山西兽”“萨摩麟”，但根据化石显示，它们早在人类出现之前很久就灭绝了。 同学们可以想一想是什么原因造成生物多样性面临威胁呢?我们应该怎样做? **板书**：保护生物的多样性。	**观看图片**：《山海经》中神秘生物的图片，如可以延年益寿的神兽乘黄，其原型是骆驼；尾巴可以不断生长的怪羊是新疆大尾羊；根据相关描述可大致推测凤凰是鸟类(红腹锦鸡或孔雀)。 简述它们的传说或故事，并猜测其原型动物，讨论这些生物在故事中的象征意义。	以为中国民间故事中的传说动物找原型来引入，再过渡到生物多样性面临威胁的现实情况，引发学生的思考，正式进入本节课的学习。

续表

教学流程	教学内容		设计意图
	教师指导	学生活动	
生物多样性面临威胁及原因	**过渡**：生物多样性面临着严重的威胁，这绝不是危言耸听。 **分析图表**：分析课本第 91 页的图表，认识生物多样性正面临严重的威胁。	自主学习课本中的图表，分析相关动物的灭绝情况。	通过图表分析、资料分析及图片展示等方法，引导学生认知保护生物多样性的紧迫性和艰巨性。
	教师提供资料并设问：我国是一个生物多样性资源非常丰富的国家，然而生物多样性现状是否非常乐观呢？下面请几位生物小组的同学展示他们收集的资料。	观看相关图片，倾听生物小组收集的资料，认知三种生物的现状，了解生物多样性面临威胁的原因。	感受我国多样性资源的现状，增强学生热爱动植物和热爱祖国的情感。
	播放图片，展示资料：金丝猴、扬子鳄、白鳍豚的相关图片。	自主学习，了解我国的生物多样性情况不容乐观。	
	引导自主学习：指导学生学习课本第 92 页中我国的部分珍稀动植物的现状的相关内容。		通过资料分析、自主发言等形式，引导学生分析和思考，促使学生自觉地宣传和保护生物的多样性。
	强调：扬子鳄、银杉、珙桐被称为“活化石”。 **播放视频**：我国的一级保护植物	了解我国的珍稀动植物。	
	资料分析：学生以小组为单位阅读资料，思考生物多样性面临威胁的原因，根据教师的问题展开讨论。 师生共同交流，形成共同认知。	分析资料，思考原因并展开讨论，交流后形成统一认识。	
	补充资料：水葫芦、加拿大黄花的有关情况。 引导学生想一想，我们身边还有哪些外来物种入侵的情况？	举例生物入侵的情况，认知生物入侵会使生物多样性面临威胁。	
	调查展示：小组代表讲述造成生物多样性锐减的多种因素。	分析人类的哪些行为会导致生物多样性面临威胁，进一步思考身边是否有这些行为。	

续表

教学流程	教学内容		设计意图
	教师指导	学生活动	
保护生物多样性的措施	**过渡**：人类的活动使生物的多样性受到影响，人类也受到了大自然的惩罚。那么，人类怎样才能与地球上的其他生物一起和平共处地生存和繁衍下去呢？ **自主发言**：建立自然保护区、将受保护生物迁入植物园和动物园等。	思考并交流保护生物多样性的措施。	激发学生独立思考，加强交流与合作，学会归纳，并能参与保护生物多样性的宣传和行动。
	图片展示：自然保护区的类型。 **引导发言**：你知道我国有哪些自然保护区？自然保护区为什么能保护生物多样性？ **展示保护区图片**：展示我国建立的保护区的相关图片，再补充几个重要保护区的资料。	认知我国的自然保护区及其作用。	
	自由发言：要保护生物多样性，还有哪些措施？ **归纳总结**：保护生物多样性的具体措施。 **交流提高**：对于我们每个人，在日常生活中如何保护生物多样性？	交流保护生物多样性的措施。	
盘点收获	共同交流总结。	交流课的收获。	归纳梳理知识点，提高保护生物多样性的意识。

九、课后作业

(1)生物图鉴制作。学生小组选择一种神话生物，对它所代表的现实生物进行深入探究，并制作生物图鉴，包括生物特征、栖息地、保护状况等信息。

(2)故事新编。鼓励学生创作或改编故事，将保护生物多样性的理念融入故事情节，强调人与自然和谐共处的重要性。

(3)评估方式。①小组展示：学生展示生物图鉴和新编故事作品，并进行自评与互评，评价内容包括其创意、科学知识准确性及传达的保护意识等。②反思日记：要求每位学生写一篇反思日记，记录自己对保护生物多样性的新认识及个人感悟。

十、板书设计(见图3-10)

- 保护生物多样性
  - 生物多样性面临严重威胁及其原因
    - 我国的珍稀动植物
    - 面临的威胁及其原因
  - 保护生物多样性的措施：就地保护、迁地保护等

图3-10 “保护生物多样性”板书设计

十一、教学反思

(1)学生参与度高，教学效果好。教师发现学生对中国民俗故事中的神话动物非常感兴趣，因此基于学生们对《山海经》等民俗故事的了解进行引导，课堂效果良好，课堂气氛活跃，讨论气氛浓，讨论有一定的深度，充分体现学生的主体地位和循证学习的学习方式。同时，在整个活动过程中还激发了学生关爱生命、自觉保护珍稀动植物资源的意识，增进了爱护生物的情感。通过这种教学设计，学生不仅能够深入了解中华传统文化，还能将这些知识与现代环境保护理念相结合，培养他们的环保意识。

(2)中华传统文化元素融入得较自然。本教学设计立足于中国传统神话故事中生物与现实生物之间的联系，涉及以下几个方面：一是象征意义。许多神话生物象征着自然界的力量或特定的生物特征。例如，中国神话中的四象(青龙、白虎、朱雀、玄武)分别代表了东西南北四个方位和四季，同时也与自然界的动物(龙、虎、鸟、龟蛇)相关联，这些动物在现实中都有其对应的物种，体现了古人对自然界多样性的观察和崇拜。二是生态警示。一些神话中的生物反映了人类对生态平衡的认识。如“麒麟”的古文字最早出现在篆文里，在甲骨文里找不到，因此可以判断“麒麟”的传说要比“龙”“凤”晚得多，“麒麟”大概出现在春秋战国时期。《说文解字》成书于东汉，是最早描述“麒麟”的工具书，上面记载：“麒，仁兽也，麋身牛尾，一角。麟，牝麒也。”“麟，大牝鹿也。”“单呼麟者，大牡鹿也；呼麒麟者，仁兽也。麒麟可单呼麟。”由此可推断出麒麟的原型应该是一种鹿，如“山西兽”“萨摩麟”，但根据化石显示，它们早在人类出现之前很久就灭绝了。这提醒人们尊重自然法则，维护生物多样性。三是文化传承与生物保护。神话中的生物常与特定的地理区域和生态系统紧密相连，如中国凤凰象征吉祥与和平，与南方的稻作文化相联系，间接促进了对特定生态系统和生物种类的保护。将这些神话故事融入现代教育和环保活动，可以增强学生对生物多样性的保护意识。四是生态伦理。神话传说中人与自然的关系，如人与神兽的互动，常常传递出人应当与自然和谐共处的信息，为现代生态伦理提供了原始素材。又如，对某些神兽的崇敬和保护，也可

以看作是早期的保护生物多样性的思想。

(3)不足之处：一是教学环节中可能需要增加更多实践活动，让学生亲身体验生物多样性调查活动；二是深化跨学科整合，将文学、历史与科学教育更好地融合。此外，持续关注最新的生物多样性保护案例，更新教学内容，使课程内容与时俱进。通过不断调整与改进，可以更好地激发学生的学习兴趣，使他们加深对保护生物多样性重要性的理解。

类型二：农业生产类

从生物学角度解读农耕文化

——“呼吸作用”教学设计

一、教学分析

我国农耕文化的历史渊源深远，其蕴含的科学道理极为丰富。农耕文化是指以农业耕作为核心，围绕农作物种植、农田管理、农时历法、农具使用、农村生活习俗、农业祭祀信仰等方面而形成的一系列物质与非物质文化遗产的总称。它深深植根于历史长河中，是中国乃至世界众多古老文明的基础和社会发展的基石。它涉及的科学道理有：①天文历法。古人通过观察太阳、月亮和星辰，制定了农历，以指导农业生产，如根据节气安排播种、收割等，体现了人与自然规律的协调。②土壤与肥料。古代农耕文化认识到不同土壤适合种植不同作物，并发明了绿肥、堆肥等有机肥料的使用方法，有效维持土壤肥力。③生态平衡。传统农耕强调轮作、间作等耕作制度，既能避免病虫害大暴发，又能保持地力，体现了对生态循环系统和生物多样性维护的意识。

本节课通过一系列活动和演示实验来研究植物的呼吸现象，引导学生认识植物呼吸作用的原理和意义，进而深入理解绿色植物的生命活动。这一部分既是对之前探究性活动的拓展和提高，也为学生在后续活动中参与其他探究性活动奠定基础。

二、学情分析

七年级学生正处于以形象思维为主，并向抽象思维逐步过渡的关键时期。在现实生活中，学生对呼吸作用的相关现象已有不少感性认知，教师在教学中要充分利用学生的生活经验，密切联系生产、生活实际，引导学生理解呼吸作用的概念和意义，并能运用所学知识解释生产、生活中的相关问题。

三、设计思路

(1)教材处理。本节教学内容为北师大版《生物学》七年级上册第5章第2节“呼吸作用”，通过三个实验让学生初步感知呼吸作用的存在，并明确呼吸作用的原料、产物、作用及场所，初步建立呼吸作用的概念；通过对呼吸作用的深入分析，明确呼吸作用存在的广泛性，并通过对呼吸作用的总结，尝试用公式表达呼吸作用的原料和产物之间的关系，然后再进一步分析呼吸作用与光合作用的区别和联系，理解呼吸作用的实质和意义，从而认识到呼吸作用释放的能量对植物体各种生理活动的重要作用。

(2)教学设计思路。首先通过情境导入与设疑激趣两个环节，引发学生思考，并对呼吸作用形成初步认知；然后通过对三个实验的变量分析、方案设计和现象描述，让学生对呼吸作用的原料、产物形成较清晰的认识；接着归纳总结，引导学生用公式来概括呼吸作用的过程；最后联系前述章节学过的知识，分析呼吸作用的实例，以更深入地理解呼吸作用的实质和意义。

四、教学目标

(1)通过观察植物的呼吸现象，描述植物的呼吸过程，能够用科学的语言概括呼吸作用的概念。(生命科学、科学思维)

(2)通过设计实验来验证呼吸作用的原料和产物等，满足学生的探究欲望，培养学生的分析、归纳能力。(科学思维、实验探究)

(3)运用呼吸作用的相关知识解读农谚中的科学原理，培养学生用生物学知识辩证分析问题的能力。(科学思维、态度责任)

五、教学重点与难点

教学重点：观察并描述植物的呼吸作用。

教学难点：①植物细胞都能进行呼吸作用。②呼吸作用的概念。

六、教学准备

预习，收集呼吸作用相关资料。

七、教学过程

教学内容	教 师 活 动	学 生 活 动
情境导入	课件展示：人长时间停留在地窖易昏迷；夜间的卧室不宜安放某些绿植；储存大白菜时易因聚热而腐烂…… 提问：这些现象和植物的哪种生理活动有关呢? 教师讲述：这些现象实际上都和植物的呼吸作用相关。人在呼吸过程中，主要消耗的是氧气，呼出的是二氧化碳。 那么植物的呼吸作用是怎样的？我们可不可以通过实验来证明呢？	观看。 讨论、思考。 聆听。 思考。

续表

教学内容	教 师 活 动	学 生 活 动
探究：植物的呼吸作用会消耗氧气	置疑：如何验证氧气被消耗呢？ 根据学生的回答，与学生一起设计实验方案。 用多媒体课件展示实验方案，并提示学生阅读教材。 提问：①为什么燃烧的蜡烛放进甲瓶，就立即熄灭了？②为什么甲瓶会缺少氧气呢？③演示实验中煮熟种子的作用是什么？④分析实验现象后，你得出的结论是什么？	联系光合作用中相关知识，经思考、讨论后给出解决方案(燃烧的物品熄灭则证明其缺少氧气)。 观看实验，并阅读教材。 思考、回答。 学生得出结论：萌发的种子会吸收氧气。
探究：植物的呼吸作用会产生二氧化碳	人们呼吸时，吸收的是氧气，呼出的是二氧化碳，植物是不是也如此呢？ 我们如何来验证植物呼出的是二氧化碳呢？ 请学生演示：向含有澄清石灰水溶液的试管内吹气(澄清石灰水溶液变浑浊)。 与学生一起设计实验方案。 演示实验过程或利用多媒体课件展示实验方案。 提问：①为何要由漏斗加水到玻璃瓶内？②是什么气体使澄清的石灰水变得浑浊？③分析实验现象后，你得出的结论是什么？ (板书：萌发的种子会释放二氧化碳——二氧化碳是呼吸作用的产物)	思考、讨论。 观看实验，明确二氧化碳可以使澄清石灰水变浑浊。 与教师一起设计实验方案。 观看实验过程。 思考、讨论。 得出结论：种子在呼吸时会释放二氧化碳。
探究：种子萌发时会释放热量	人在呼吸时还会释放热量，那么植物体在呼吸时会不会释放热量呢？ 指导学生阅读教材。 演示实验过程或以多媒体课件展示实验方案。 提问：①甲、乙两个保温瓶内的温度有什么变化？②此实验是怎样来判断种子释放热量的多少？③产生的热量是从哪里来的？④分析实验现象后，你得出的结论是什么？ (板书：萌发的种子会释放热量——呼吸作用能够释放能量)	思考。 阅读教材。 观看演示实验。 思考、讨论、回答。 (控制实验变量只有一个，通过温度变化来判断热量多少)得出结论：萌发的种子进行呼吸作用时会释放热量。
实验小结	提问：这三个实验都是用萌发的种子和煮熟的种子作为对照，这是为什么呢？ 师生共同回顾三个实验并总结：植物的呼吸作用不但吸收氧气，释放二氧化碳，而且会产生热量。 因此，呼吸作用的原料之一是氧气，产物之一是二氧化碳，同时释放了热量。 总结出呼吸作用的反应式：有机物+氧气→二氧化碳+水+能量	思考并回答(萌发的种子能进行呼吸作用，煮熟的种子不能进行呼吸作用)。

续表

教学内容	教师活动	学生活动
生活应用	分析以下谚语中蕴含的生物学知识 (1)白露早，寒露迟，秋分种麦正当时(种子萌发需要适宜的温度)。 (2)清明前后，种瓜点豆(种子萌发需要适宜的温度)。 (3)深耕一寸，多收一成(一方面促进植物根系的呼吸作用，另一方面可提高土壤的耕作性能、保水性能和肥力)。 (4)耕地深又早，庄稼百样好(一方面促进植物根系的呼吸作用，另一方面可提高土壤的耕作性能、保水性能和肥力)。 (5)移树无时，莫教树知(在进行树木移栽时，尽量不要让树木察觉，一旦发现它被移栽了，通常会以一些原土以保护根系不受损伤)。 (6)肥料足，多收谷，一熟变两熟(植物的生长需要足够的营养)。 (7)庄稼百样巧，肥是无价宝；庄稼一枝花，全靠肥当家(植物需要从外界吸收无机物)。 (8)灌水要适宜，田间全大米(植物需要从外界吸收水分)。 (9)久雨积水早排出，旱天之时早开源(促进根系的呼吸作用)。 (10)橘生淮南则为橘，橘生淮北则为枳(温度对生物的影响)。	思考并回答。

八、板书设计(见图 3-11)

第 2 节　呼吸作用

——观察植物的呼吸现象

植物的呼吸现象：
- 萌发的种子吸收氧气——氧气是呼吸作用的原料
- 萌发的种子释放二氧化碳——二氧化碳是呼吸作用的产物
- 萌发的种子释放热量——呼吸作用能够释放能量

图 3-11　“呼吸作用”板书设计

九、教学反思

绿色植物对生物圈的存在和发展起着决定性的作用，其生命活动直接或间接地为其他生物提供了食物和能量。本节内容旨在让学生通过了解在生物体内细胞通过分解糖类获得能量，同时生成二氧化碳和水的过程，形成呼吸作用的概念，并能够了解呼吸作用在农业生产和日常生活中的体现和应用。教师设计的各个探究活动与生活实例相联系，可加深学生对相关知识的理解，提高运用知识解决实际问题的能力。

农谚反映了劳动人民在长期生产实践中积累起来的经验，它对于农业生产具有一定的指导作用。它便于记诵与传播，富有生活气息，是我国耕作文化的智慧结晶。本节课通过引导学生运用生物学知识来解读农谚中的科学原理，将教学内容与生产实践有机结合，帮助学生建立直观认知与生产实践之间的联系，从而激发学生的学习兴趣，培养学科关键能力，提升生物学核心素养。

类型三：医学科研类

中医养生中的营养学
——“合理营养与食品安全”教学设计

一、教学目标

（1）阐述合理营养的定义及其措施，养成健康的饮食习惯。（生命观念、科学思维）
（2）关注食品安全问题，能辨别健康食品。（科学思维）
（3）了解中医中的五谷对应的保健功能，体验中国传统文化。（态度责任）

二、教学重难点

（1）了解合理营养及健康饮食的标准，能分辨健康食品和非健康食品。
（2）关注自身健康，能制作营养食谱。

三、教学流程

环节（时长）	教学内容	教学行为	亮点预设
环节一（3分钟）	导入新课	（1）导入：晨昏相依，三餐四季，五谷杂粮，是国人向往的田园生活。现代人的饮食更趋向于高蛋白、高脂肪的饮食模式，引发了严重的肥胖等健康问题。 （2）得出结论：饮食习惯和饮食结构将影响个体的营养状况！	通过视频展现中式一日三餐，激发学生学习健康知识的兴趣。

续表

环节（时长）	教学内容	教学行为	亮点预设
环节二（10~12分钟）	合理营养	(1)提问：什么是合理营养？ 合理营养：全面而均衡的营养。 (2)提问：什么是全面？什么是均衡？ 合理营养是指全面而平衡的营养。“全面”是指摄取的营养素(六类营养物质和膳食纤维)种类要齐全；“均衡”是指摄取的各种营养素的量要合适(不少也不多，比例适当)，与身体的需要保持平衡。 (3)提问：如何做到合理营养？ 展示图片：“平衡膳食宝塔”的图片 (4)提问：从“塔基”到“塔顶”，每层分别代表哪类食物？ (5)根据“平衡膳食宝塔”来看，每天摄入量最多与最少的食物分别是哪类？ (6)青少年比成人需要更多的蛋白质，应多补充“平衡膳食宝塔”中哪几层的食物？ 引导学生理解中国居民平衡膳食宝塔，归纳学生对合理营养的见解并板书：一日三餐，按时进餐，每餐食品要搭配合理，饮食多样化，不偏食，不挑食，不暴饮暴食。 得出结论：“健康饮食十条原则”。	通过情境再现、问题引领、联系生活等方式，激发学生的求知欲，并以生活实例的引入，让学生更容易理解合理营养的概念。
环节三（10~12分钟）	食品安全	(1)展示图片：不健康食品的危害。 (2)展示图片，分析图片中的哪些食物不能再食用？逐步分析：不能进食的情况，如未煮熟的四季豆、发芽的马铃薯、发霉的花生和甘蔗、有毒的蘑菇、染色的馒头、地沟油等。 (3)提问：在购买食品(包括包装食品和非包装食品)的时候，我们应该注意些什么？ 得出结论：生产日期、保质期、生产许可标志、营养成分、配料(食品添加剂)、贮存方法、食用方法、厂家、厂址等。	通过图片，让学生自主联系生活中的食品健康相关知识。

续表

环节（时长）	教学内容	教 学 行 为	亮点预设
环节四 （4 分钟）	五谷杂粮与中医养生文化	五谷杂粮可养五脏。中医就有“一谷补一脏”的说法，如大豆重养肾、大米重润肺、小米重养脾、高粱重养肝、小麦重养心等。请学生阅读材料，并归纳五谷的保健功能。	
环节五 （5 分钟）	五谷杂粮	1. 糙米：助消化 糙米比白米更容易消化吸收，所含的维生素和矿物质占到了 70%，特别是维生素 B1，很适合婴儿和糖尿病患者及想保持苗条身材的人食用（见图 3-12）。  图 3-12　糙米 2. 小米：安神健脾 小米能益肾养胃、清热补虚、安神健脾，而且它含有丰富的色氨酸，色氨酸可轻松被人体吸收，是很好的安神健脾食品（见图 3-13）。  图 3-13　小米 3. 玉米：降低胆固醇 玉米味甘性平，具有健脾利湿、开胃益智、宁心活血的作用。玉米油中的亚油酸能防止胆固醇向	

续表

环节（时长）	教学内容	教学行为	亮点预设
环节五（5分钟）	五谷杂粮	血管壁沉淀，对预防高血压、冠心病有积极作用(见图3-14)。  图3-14　玉米 4. 紫米和黑米：护眼 黑米是糖尿病和心血管疾病患者理想的膳食调养品。紫米和黑米等紫黑色的杂粮一般都富含花青素，具有抗氧化作用，能预防脂肪氧化和维护眼部血管健康(见图3-15)。  图3-15　黑米 5. 黑豆：滋补肝肾 黑豆是一种平性滋养的补益之品。适量食用黑豆，对糖尿病、视力下降、须发早白、湿疹脚气、贫血等，具有一定的辅助治疗作用(见图3-16)。  图3-16　黑豆	

续表

环节（时长）	教学内容	教学行为	亮点预设
环节六	课堂小结	学生结合自己的实际生活，谈一谈怎样在日常生活中践行健康饮食，并在小组内进行分享与交流。	

四、板书设计(见图 3-17)

合理营养与食品安全

一、合理营养

合理营养：全面而平衡的营养。

全面：种类齐全

平衡：量均衡(早：中：晚=3：4：3)

} 每日三餐按时进食　不偏食、不挑食、不暴饮暴食

二、食品安全

购买安全食品，预防食物中毒，关注健康食品

图 3-17　“合理营养与食品安全”板书设计

五、教学反思

本节课围绕合理营养、食品安全、五谷养生三个主题来组织教学，学生的学习兴趣浓厚、课堂参与度较高，达到了学习目标。通过分析“青少年要多吃蛋白质”“日常生活中要吃五谷杂粮还是精米精面”两个问题，学生初步掌握了用生物学知识解决生活中的实际问题的技能。

六、课后作业

探究：中国传统节日食品的营养价值

可选择春节的饺子、端午的粽子、中秋的月饼等具有代表性的传统节日食品，分析其主要原料(如糯米、肉类、豆沙等)的营养价值，讨论这些食品如何提供满足人体所需的各种营养，并结合健康饮食的理念，设计改良版的传统节日食谱。

中国古代养生文化中的健康理念

——“选择健康的生活方式”教学设计

一、教材分析

(一)教材内容

“选择健康的生活方式”是人教版第八单元“健康地生活”中的内容，学生在前面的课程中学会了评估自己的健康状况，对健康的含义有了一定的了解。本课从生活方式对健康的影响和选择健康的生活方式两个方面对健康的概念进行了深化和拓展。教材首先通过资料分析和实验探究，让学生认识到吸烟、喝酒的危害，了解不良的生活方式对健康的危害，在此基础上进一步引导学生共同讨论不健康与健康的生活方式的差异及其影响，发现自己存在的不良习惯并改正，从而选择健康的生活方式。

（二）与传统文化的结合点

1. 饮食方面

传统文化中“饮食有节”的理念，强调饮食的规律性和适度性，与现代营养学中均衡饮食、控制食量的观点相契合。

中医食疗文化，如根据食物的性味归经原理来调养身体，为选择健康的饮食提供了独特的视角。

2. 运动方面

传统武术如太极拳、八段锦等，不仅是锻炼身体的方式，还蕴含着呼吸调节、身心协调的养生智慧。

古代的蹴鞠、射箭等运动项目，体现了运动在强身健体和社交方面的重要作用。

3. 心理调节方面

传统文化中的“修身养性”思想，如“宁静致远”“心宽体胖”等，强调内心的平和与宁静对健康的积极影响。

哲学中的中庸之道、天人合一观念，有助于学生理解如何在生活中保持平衡和和谐的心态。

（三）教学目标

（1）了解不同生活方式对健康的影响，阐述健康生活方式的主要内容。

（2）通过分析资料和案例，制订适合自己的健康生活计划，提高学生分析和解决问题的能力。

（3）认同健康的生活方式对个人和社会的重要性，培养学生关注健康、关爱生命的意识。

（四）教学重难点

（1）教学重点：理解健康生活方式的概念和主要内容，认识不良生活方式对健康的危害。

（2）教学难点：探究酒精或烟草浸出液对水蚤心率的影响，并完成一份完整的探究实验报告。

二、学情分析

（一）学生已有知识和经验

1. 对健康生活方式的初步认识

学生在日常生活中通过媒体、家庭等途径，对饮食健康、运动锻炼等方面的知识有一定的了解，但可能较为零散和表面化。

2. 对传统文化的接触

在语文、历史等课程中，学生可能接触过一些传统文化内容，但对于与健康相关的传统文化知识了解得较少。

（二）学生的学习兴趣和需求

1. 兴趣方面

学生普遍关注自身健康问题，尤其是与日常生活密切相关的饮食和运动，容易引起他们的兴趣。此外，对于新鲜、有趣的传统文化元素，如传统武术表演、中医养生故事等，学生也表现出较强的好奇心。

2. 需求方面

学生希望获得实用的健康知识和方法，并能够直接应用于自己和家人的生活。他们渴望了解传统文化与现代生活的联系，以及如何从传统文化中汲取智慧来提升生活质量。

（三）学生可能遇到的困难

1. 概念理解

对于一些较为抽象的传统文化理念，如“阴阳平衡”“经络气血”等，学生可能难以理解。

2. 观念转变

学生可能已经形成了一些不良的生活习惯，要改变这些习惯需要克服一定的困难和阻力。

3. 知识整合

将传统文化知识与现代健康生活方式的知识进行整合和运用，对学生的思维能力提出了一定的挑战。

针对以上教材分析和学情分析，教师应在教学过程中注重运用生动有趣的案例、实践活动和多媒体资源，帮助学生理解抽象的概念，引导学生积极参与课堂讨论和教学实践，促进知识的内化和实际应用。同时，教师应密切关注学生的个体差异，并及时给予指导和鼓励。

三、教学方法

讲授法、讨论法、案例分析法、多媒体教学法。

四、课前准备

教师：收集有关不健康生活方式的图片、资料（包括形成原因、症状和危害）；准备探究酒精或烟草浸出液对水蚤心率影响的实验材料和用具；拒绝毒品的宣传资料（包括宣传片以及相应的宣传报道）。

学生：收集有关不健康生活方式的图片、资料（主要是一些恶性肿瘤、脑血管疾病、心血管疾病的相关资料，包括形成原因、症状和危害等）。

五、教学过程

环节	学习内容	教师活动	学生活动	设计意图
(一)创设情境，引入新课	了解生活方式内容	(1)播放一段中国古代养生文化的视频，如太极拳、中医养生理念等。 (2)提问："从这段视频中，你们能感受到古代人对健康的重视吗？对我们今天选择健康的生活方式有什么启示呢？"	回顾健康的概念及评价健康的标准。 通过视频总结古代健康生活方式，与现代健康生活方式的相关内容作对比。	通过精心挑选的视频素材，如古代的庭院、传统的服饰、优雅的养生活动等，营造出浓厚的古代文化氛围，让学生仿佛穿越时空，身临其境，感受古代养生文化的独特魅力。
(二)新课学习	生活方式对健康的影响	(1)结合古代文化中的"起居有常"，讲解规律作息对健康的重要性。 (2)展示一些现代不良生活方式的图片，如熬夜、过度饮酒、吸烟等。	学生通过古代健康生活方式与现代生活方式的对比，总结出不同生活方式对健康的影响。	通过鲜明的对比来引发学生的深刻思考。一方面，让学生清楚地看到现代生活中诸如熬夜、过度依赖电子产品、高热量饮食等不良生活方式对健康的危害。另一方面，呈现古代养生中规律作息、适度运动、合理膳食等智慧，凸显其科学性和优越性，从而引导学生进行反思自身，汲取古代养生精华，摒弃不良生活习惯，树立健康的生活理念，追求更优质、更平衡的生活方式，为自身的身心健康奠定坚实基础。
		引导学生分析教材第81页的资料，并组织学生进行讨论。 出示心脑血管疾病的相关资料，包括成因、影响等，帮助学生理解疾病的发生与不良的生活方式有密切的关联。 结合传统文化中的"饮食有节"理念，强调饮食的规律和适度，与现代营养学中均衡饮食、控制食量的观点相契合。 组织学生进行分组交流，并引导学生得出结论。 小结：在现代社会中，影响人们健康的疾病已经发生了变化，生活方式已经成为影响健康的主要因素。	资料分析：1957年和1999年中国城市占前七位的主要疾病的死亡率。 讨论：①40多年来，导致我国城市居民死亡的主要疾病种类发生了哪些变化？②为什么会发生这些变化？这些变化说明了什么问题？ 通过讨论并自学第82页教材得出结论：目前，在世界上许多发达国家和部分发展中国家中，影响人类健康的主要疾病已经不再是传染病，而是心血管疾病、脑血管疾病、恶性肿瘤等慢性、非传染性疾病，这些疾病也常被称为"生活方式病"或"现代文明病"。 不健康的生活方式会加速这些疾病的发生。	

续表

环节	学习内容	教师活动	学生活动	设计意图
(二)新课学习	健康生活方式的主要内容	(1)饮食方面 介绍均衡饮食的概念，包括五谷杂粮、蔬菜水果、肉类和奶类等的合理搭配。 引入传统文化中的“饮食有节”理念，强调不过量进食，不挑食。 (2)运动方面 讲解适量运动对身体的好处，如增强心肺功能、提高免疫力等。 展示古代的运动方式，如五禽戏、八段锦等，让学生了解传统运动的魅力。 (3)心理方面 强调保持积极乐观的心态对健康的重要性。 讲述古代文人墨客在面对困境时的豁达心态，如苏轼的“竹杖芒鞋轻胜马，谁怕？一蓑烟雨任平生。”	分组讨论以下问题： (1)结合传统文化，谈一谈如何在现代生活中保持身心健康、做到劳逸结合？ (2)有哪些古代的养生理念可以应用于现代生活？ (3)每组选派代表进行发言，分享讨论结果。	借古代养生文化的智慧之光，照亮现代人的身心健康之路。让人们了解古代养生理念，对比现代生活，反思不足，从而汲取古代养生文化精华，如平和心态、适度运动、合理饮食等，应用于当下，有助于实现现代人对身心健康的追求。
	探究活动：探究酒精或烟草浸出液对水蚤心率的影响	通过讲解与提示，指导学生进行探究活动。 关注学生的交流活动，如发现问题应及时加以指导。 引导学生通过交流达成共识，认识到吸烟、喝酒对人体的危害。	进行探究活动： (1)提出问题。 (2)作出假设。 (3)制订计划。 各小组先在教师的提示下，讨论第 82 页中的三个问题，然后制订出本组的实验计划。 (4)交流讨论 (5)完善计划 (6)实施计划 (7)得出结论 各小组按照探究计划进行操作，记录数据，绘制曲线，并分析出酒精或烟草浸出液对水蚤心率的影响。 (8)表达与交流 自学教材第 86 页中科学、技术、社会的相关知识点并结合教师提供的资料，进一步了解吸烟、喝酒对人体的危害。	利用实验来探究健康生活方式，引导学生通过亲身参与实践活动来发现和验证有效的健康方式，从而培养观察、分析和解决问题的能力，激发学生对健康的重视，促使他们主动探索并养成健康生活习惯。

续表

环节	学习内容	教师活动	学生活动	设计意图
(三)选择健康的生活方式		在学生讨论的过程中，播放禁毒宣传片，指出毒品对人体健康和社会稳定的危害，从而引入对健康生活方式的讨论。 最后师生共同总结应该选择怎样的生活方式(营养配餐好，坚持体育锻炼，按时作息，不吸烟、不喝酒，拒绝毒品，积极参加集体活动等)。	分组讨论：生活中哪些生活方式是健康的？哪些生活方式是不健康的？待讨论结束后，各组派一名学生代表将本组的讨论情况向全班汇报，同组的同学可进行补充。 了解健康生活方式的意义，坚定选择健康生活方式的意识。	引导学生深入思考，提高分析归纳能力。学生在讨论中进行思维碰撞，明晰健康生活方式的内涵，促进健康生活习惯的养成。
(四)课堂小结		总结：通过本节课的学习，学生深入了解了生活方式的概念、生活方式对健康的影响，探究了酒精或烟草浸出液对水蚤心率的影响。个人的生活习惯与行为方式会对个体的健康产生影响，不健康的生活方式会加速慢性、非传染性疾病的发生和发展。通过探究实验，我们进一步感知到酗酒和吸烟对人体健康的危害，因此应选择健康的生活方式。	(1)回顾本节课所学内容，包括生活方式对健康的影响以及健康生活方式的主要内容。 (2)强调传统文化中蕴含的健康智慧对人们选择健康生活方式的指导意义。	深度挖掘传统文化中的健康智慧，并让学生认识到其价值，为选择健康生活方式提供指引，这样既能传承优秀传统文化，又能提升健康素养，实现身心和谐发展。 培养生物学态度责任的核心素养。

六、板书设计(见图3-18)

第二节　选择健康的生活方式

选择健康的生活方式
- 生活方式对健康的影响
  - 生活方式的概念
  - 生活方式病
  - 不健康的生活方式的影响
- 探究酒精或烟草浸出液对水蚤心率的影响

图3-18　“选择健康的生活方式”板书设计

七、教学反思

在本次的教学中，教师尝试将生物学知识与传统文化有机结合，旨在让学生从更丰富的层面理解健康的内涵和养成良好生活方式的重要性。通过这次教学实践，教师既获得了宝贵的经验，也发现了一些有待改进的地方。

（一）成功之处

1. 激发学生的学习兴趣

将传统文化中的养生理念、哲学思想引入课堂，成功地激发了学生的好奇心和求知欲。例如，在讲解饮食健康时，引入了中医“药食同源”的观念，让学生了解到日常食物不仅具有饱腹功能，还具有调养身体的作用。这种新颖的视角使学生对健康饮食有了更深入的认识。

2. 丰富教学内容

传统文化为教学提供了丰富的素材，如古代的运动养生方法（太极拳、五禽戏等）、情志调节的智慧（如“不以物喜，不以己悲”）。这些内容的融入，拓宽了学生的知识面，使他们认识到健康生活方式的多样性。

3. 培养文化自信

通过对传统文化中健康理念的学习，学生不仅掌握了健康知识，还增强了对本民族文化的认同感和自豪感，他们既感受到传统文化博大精深，又意识到传承和弘扬优秀传统文化的责任。

（二）不足之处

1. 时间把控不够精准

在引入传统文化的部分花费了较多时间，导致后续关于现代健康生活方式的实践应用环节的时间相对紧张，未能充分展开讨论和实践活动，影响了对学生实际运用知识能力的培养。

2. 文化深度挖掘不足

虽然引入了传统文化元素，但对于文化内涵的挖掘还不够深入。例如，在讲解中医养生理论时，只是简单提及，没有深入剖析其背后的原理和科学依据，可能导致学生理解得不够透彻。

3. 学生参与度不均衡

在课堂讨论和活动中，部分学生能积极参与，而有些学生则表现得较为被动。可能是因为在教学设计中没有充分考虑到学生的个体差异，未能提供多样化的参与方式，以至于不能满足不同学生的学习需求。

(三)改进措施

1. 优化教学设计

精心地规划教学流程，合理分配每个环节的时间，确保重点内容得到充分讲解和讨论，同时也为学生的实践活动留出充足的时间。

2. 加强文化研究

在备课过程中，进一步深入研究传统文化中与健康相关的内容，寻找更多科学依据和现代应用案例，使教学内容更具说服力和实用性。

3. 关注个体差异

设计多层次的问题和活动，并鼓励学生参与其中。对于较为被动的学生，可采取小组合作、个别指导等方式，激发他们的积极性和主动性。

4. 强化课后拓展

布置与传统文化和健康生活方式相关的课后作业或拓展阅读，让学生在课后继续深入探究，培养自主学习能力和探究精神。

类型四：民俗文化类

从生物的角度认识非物质文化遗产“陈皮”

——“植物体的结构层次”教学设计

一、教学目标

(1)认知绿色开花植物的六大器官、说明植物体的结构层次。(生命观念、科学思维)

(2)识别植物体的基本组织，理解细胞通过分裂、分化形成其他组织；养成爱惜植物，保护植物的习惯。(探究实践、态度责任)

二、教学重点

识别植物体细胞—组织—器官—植物体的结构层次。

三、教学难点

理解分生组织的特点；理解分生组织能通过细胞分裂、分化形成其他组织。

四、课前准备

教师准备：①熟透的西红柿，地瓜，土豆，油菜，菜花，花生米，解剖针，小刀，培养皿。②新会陈皮。

学生准备：预习本节课内容，认识校园内植物的各种器官。

五、教学过程

教学环节	教师活动	学生活动
导入新课	记忆链接：动物体(人体)的结构层次从微观到宏观是怎样构成的？	学生回答。
探究任务一：绿色开花植物有六大器官	提问：请说出绿色开花植物的六大器官。讲授：这六大器官根据不同作用可以分成两类：营养器官和生殖器官，其中营养器官包括根、茎、叶，用来吸收和制造营养，生殖器官包括花、果实、种子，用来繁殖后代。 练习：你知道通常我们所食用的土豆、地瓜、花生米、油菜、菜花、番茄分别属于植物的哪种器官吗？	学生回答：根、茎、叶、花、果实、种子。 学生活动：看图，并在相应的图片旁填写六种器官的名称。 学生结合已知知识，分小组讨论并以小组为单位展示。 学生：土豆(茎)、地瓜(根)、花生米(种子)、油菜(叶)、菜花(花)、番茄(果实)
探究任务二：植物的几种主要组织	教师：同学们，通过上节课的学习，我们知道了器官是由组织构成的，动物有四大组织，那植物体有哪些主要组织呢？ 师生活动：解剖番茄来探究组成植物体的主要组织：(实验前，让学生观看现有的植物组织标本，然后强调实验中应注意的事项)。 (1)撕下番茄表皮进行观察，可拉扯其表皮，是柔韧还是脆弱？具有什么功能？属于什么组织？ (2)番茄果肉是人们通常食用的部分，果肉细胞的特点是什么？具有什么功能？属于什么组织？ (3)再观察果肉中黄色的细丝状物，具有什么功能？属于什么组织？ 教师讲解分生组织细胞的特点，及其存在于植物体中的部位。 教师指导学生自学教材，并结合图片进行总结：植物的分生组织分化形成保护组织、输导组织、营养组织、机械组织。	学生在教师的指导下观察思考，以小组为单位分别展示交流，讨论后明确分生组织细胞分裂分化形成其他组织。 仔细阅读教材，明确分生组织的细胞特点。 细胞特点：细胞小，细胞壁薄，细胞核大，细胞质浓，具有很强的分裂能力，能够不断分裂产生新细胞，再由这些细胞分化形成其他组织。 学生看图并结合教材内容来认识不同的组织，了解这些组织的作用和分布的位置。

续表

教学环节	教师活动	学生活动
探究任务三：陈皮中的结构层次	展示广东三宝之首——陈皮的照片，分发陈皮的标本，展示陈皮的显微图。 请学生观察并描述陈皮的外观性状、气味和触感，品茶并描述陈皮茶的味道和气味。陈皮的原料是什么？其食用部分是什么器官？陈皮上有哪些组织？分别有什么作用？ (1)在显微镜下观察陈皮的微观结构，并做描述。(见图 3-19) 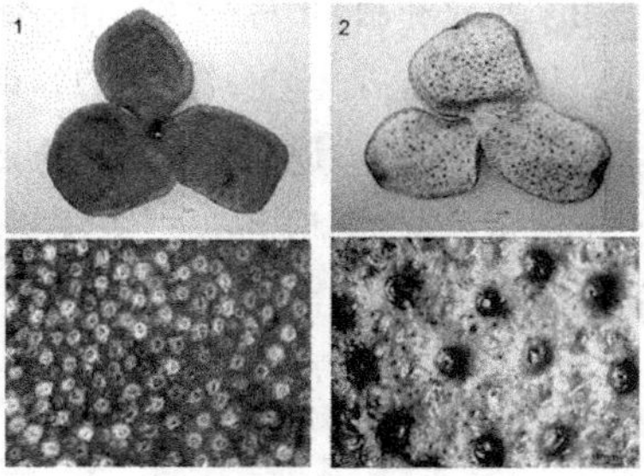 图 3-19　陈皮 (2)显微性状分析：随机选取 5 份陈皮。混合并粉碎后过 60 目筛，分别制作稀甘油、水合氯醛加热透化、水合氯醛不加热及无水乙醇等。临时装片，并于显微镜下观察其显微特征，用显微成像系统记录图像。(见图 3-20) 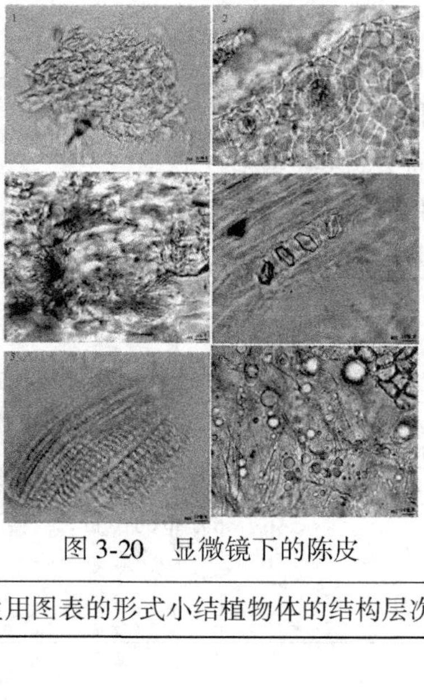 图 3-20　显微镜下的陈皮	陈皮属于橙皮苷的果实，外皮属于机械组织与保护组织。其中的外果皮组织中有类圆形的气孔，副卫细胞 6~8 个；中果皮部分增厚，壁略呈连珠状。 橙皮苷结晶为黄色，数量多且较大，呈扇形，放射状纹理清晰。 草酸钙方晶为多面体，双锥形或类方形，常见数个结晶横向整齐排列。
课堂小结	指导学生用图表的形式小结植物体的结构层次。	用图表的形式小结植物体的结构层次

六、课后反思

本节课的优点主要有以下几个方面：

(1)本节课贴近日常生活，让学生通过探究活动来主动参与课堂，引导学生自己动手分析问题并解决问题，从而达到获取新知的目的。

(2)教学环节流畅，环环相扣。三个环节“探究绿色开花植物的六大器官→植物的主要组织→植物体的结构层次”条理清晰，层层递进。设置的问题难易适中，能够激发学生学习的积极性，提高学习效率。

(3)本节课将民俗类非物质文化遗产陈皮和初中生物课堂相结合。在传授生物学知识的过程中渗透传统文化元素，不仅丰富了课堂内容，还增强了学生传承传统文化的意识。

中医文化在初中生物中的应用

——“发生在肺内的气体交换”教学设计

一、教材分析

本课选自人教版七年级下册第四单元第三章第二节，其内容是发生在肺内的气体交换过程。学生在学习了呼吸系统的相关知识后，进一步学习肺内气体交换的内容，能更深入地理解肺的功能，从而认同“生物的结构和功能是相适应的”生物学观点。

二、学情分析

七年级学生对生物学科的学习方法比较熟悉，但本课涉及压强的知识，学生没有学过相应的物理知识，因此，需要通过实验组织、模型制作等方式，使学生能在体验中理解压强与容积之间的关系，以突破难点。

三、教学目标

(1)了解肺与外界的气体交换以及肺泡与血液的气体交换的过程，认同生物的结构和功能是相适应的生物学观点。(生命观念、科学思维)

(2)利用生物学知识辨证分析中医关于“肺”的结构功能描述，培养辨证分析能力。(科学思维、态度责任)

四、教学重难点

(1)教学重点：肺与外界的气体交换过程；肺泡与血液的气体交换过程。

(2)教学难点：肺与外界的气体交换过程。

五、教学准备

PPT课件和导学案、针筒、打气筒、模拟膈肌运动模型、试管两支、澄清石灰水、吸管。

六、教学方法

体验法、小组合作法、探究法

七、课时

1 课时

八、教学过程

教学内容		教师活动	学生活动	设计意图
创设情境，导入新课		《中脏经》曰：肺者，乃生气之源，乃五脏之华盖。张介宾《医宗必读·改正内景脏腑图》曰：肺叶百莹，谓为华盖，以复诸脏，虚如蜂窝，下无透窍，吸之则满，呼之则虚，一呼一吸，消息自然，司清浊之运化，为人身之橐钥。	学生解读文言文，并总结中医对肺的外形、功能、结构等方面的描述。	创设情境，使学生带着问题进入学习。
展示课题与教学目标			明确本课的学习内容。	
知识点一、肺与外界的气体交换	环节一：自主学习	用 PPT 呈现肺部的图片，让学生结合教材自主学习肺部的相关内容。 教师介绍胸廓特点。	自主学习，完成图片内容的填写。	看、听、讲、想、做。
	环节二：体验活动	引导学生做体验活动，感受深吸气与呼气时胸廓的变化。 提问：胸廓容积的扩大与缩小，还与什么有关呢？	学生亲自体验，明白吸气时，胸廓左右径变大，胸廓容积扩大；呼气时，胸廓左右径缩小，胸廓容积缩小。 学生回答：膈肌。	体验式学习，让学生“行”动。
	环节三：展示“模拟膈肌运动模型”	教师在课前请学生对照课文制作了“模拟膈肌运动模型”。请学生进行模型展示并交流。 提问：胸廓的变化与呼吸有什么关系呢？是由于胸廓扩大导致吸气，还是因为吸气后使胸廓扩大？请会游泳的同学来说一说潜水时的感受。	学生观看模型，更深入地理解膈肌运动与胸廓容积变化的关系。 学生提出问题：为什么我做的模型没有成功？（密闭性不好；材料选择不够好；气球破损等）。 带着问题来进行交流，并通过讨论来解决问题。	课前安排学生制作模型，让学生“会”动。
	环节四：小实验，验证容积与压强的关系。	对于身边的科学现象，可以通过实验来验证。 用针筒、打气筒进行实验，感受气体流向与容积变化的关系。 完成导学案的填写。	亲自动手做实验，通过实验得出结论。	小组实验，让学生“会”动，在实验中学会与人合作、交流。
	小结	吸气与呼气的过程。	学生归纳总结。	锻炼学生归纳总结的能力，再次强化所学内容。

续表

教学内容	教 师 活 动	学 生 活 动	设 计 意 图
知识点二、肺泡与血液的气体交换	通过之前的学习，学生已经了解了呼出的气体和吸入的空气有明显的不同：呼出的气体中，氧气的含量减少，二氧化碳的含量增加。 提问：这种变化是怎样发生的呢？ 观看视频《肺泡与血液之间的气体交换》 提问：吸入的气体中的氧，最后在细胞中的什么部位被利用的？（引出呼吸的实质：分解有机物，释放能量）	学生带着问题观看视频，了解肺泡与血液的气体交换过程。	通过学习，认同生物体结构和功能是相适应的观点。
谈收获，练习拓展提高	引导学生总结归纳，谈一谈学习收获。	总结本课内容，通过练习巩固所学，加深理解。	感受生物学与实际生活之间的密切联系，由此培养热爱生命、热爱运动的意识。

九、板书设计(见图 3-21)

第二节　发生在肺内的气体交换

肺是呼吸系统的主要器官：

①肺与外界的气体交换　②肺与血液的气体交换

图 3-21　“发生在肺内的气体交换”板书设计

十、教学反思

本节课不仅达成了教学目标，而且在引导学生了解中医辉煌历史的同时，思考如何更好地传承发展古人的智慧结晶，这样既有助于学生增强民族自信心，又在其心中播下传承与创新中华优秀传统文化的种子。

第二节　中华传统文化融入校本课程

一、中华传统文化融入校本课程的思路及策略

对于将中华传统文化融入校本课程的思路及策略，我们可以从以下几个方面来归纳：

（一）设计思路

1. 全面性与深入性

应确保中华传统文化的全面性与深入性，既要融入语文、历史等文科课程，还应扩展到数学、物理等理科课程，展现传统文化在科学领域的贡献。

2. 多学科融合

鼓励跨学科融合，如将传统文化与音乐、美术、体育等课程相结合，形成多元化教学模式。中华传统文化融入校本课程的具体形式应是多种多样的，在具体实施上，可以从以下几个方面入手：

（1）传统中药材的学习：引入中药材的种类、生长环境、药用价值等内容，让学生了解中医药文化在生物领域的应用，如人参、黄芪等中药材的种植、采集和药用价值的讲解。

（2）生肖动物的生物学特性：结合中国的生肖文化，讲解不同动物的生物学特性、生态习性等，如在学习哺乳动物时，介绍老鼠、虎、兔等生肖动物的生物学知识。

（3）传统农业生态观：引入传统农业的生态观念，如“天人合一”“顺应自然”等，让学生理解生物与环境的和谐共生关系，如讲解传统农业中的轮作、间作等耕作方式，以及这些方式对生态环境的影响。

3. 实践体验

组织学生参观中药材市场、植物园等场所，让学生亲身感受传统文化在生物领域的应用，并安排学生进行植物种植、观察等实践活动，让学生在实践中加深对传统文化的理解。

（二）教学策略

为了更好地将中华传统文化融入校本课程，应设计多维度的课程，以满足学生的个性化需求。同时，通过不同学科的融合，促使学生全面了解和体验中华传统文化的多样性和深度。

1. 课程内容设计

一方面将经典著作与生物知识融合，引入《黄帝内经》《本草纲目》等经典著作，讲解其中的养生之道、草药的药用价值等内容，并与生物学知识相结合，使学生更深入地理解传统文化中的智慧。另一方面，将传统文化故事与生物教学融合，如讲述“神农尝百草”等故事，让学生了解古人对植物特性的认识和利用，同时介绍相关植物在现代生物学中的价值和意义。又如，在学习动物分类时，可结合古代文学作品中对动物的描写，让学生理解古人对动物的认识和分类方法。

2. 节气知识与生物现象

结合二十四节气，介绍不同节气下植物的生长、动物的习性等生物现象，让学生体会传统文化对自然现象的解释与观察。例如，“立春”时讲解植物开始生长的过程，“清明”时介绍植物繁殖和生长的情况。

3. 创设文化氛围

在校园建设中融入传统文化元素，如设计具有传统文化特色的校园景观、布置传统文化展览等。同时，积极开展“书香校园”“生活中的生物学”等跨学科活动，让学生在轻松愉悦的读书活动中提高文化素养。在校园内或生物实验室内设置生物文化墙，展示生物学的发展历程、重要成就和名人轶事等，让学生了解生物学的历史及其发展情况。

4. 特色课程开发

结合学校资源和学生兴趣，开发具有地方特色的传统文化课程。例如，针对深圳地区的学校，可以开设红树林、护鸟等生态环境保护的课程。深圳地区有得天独厚的环境资源亟待挖掘，教师可引导学生深入了解和研究当地的历史文化。不同的学校也有不同的教学资源及校园文化，如在校园内建设植物园或生态园，种植各种植物，包括本地特色植物等。这样不仅能美化校园环境，还能为学生提供观察和学习生物多样性的场所。

5. 评价与反馈

鼓励学生将学习成果以不同类型的作品的形式展示出来，如中药材标本制作、二十四节气与生物现象关系图绘制、家庭小实验等。通过作品展示，让学生体会传统文化的魅力，并检验学习效果。

通过以上策略和思路的实施，能有效地将中华传统文化融入校本课程，提高学生的文化素养和道德素质，培育学生正确的价值观和人生观。同时，这也有助于提升学校的核心竞争力，为培养具有中华文化底蕴的优秀人才奠定坚实基础。

二、校本课程案例及解析

类型一： 文学知识类

教学设计1：《植物的生殖》

一、课标分析

本小节内容属于课标一级主题“生物的生殖、发育与遗传”下的二级主题“植物的生殖”。通过学习动植物的生殖、发育和遗传的基本知识，以及遗传育种在生产实践中应用的相关内容，有助于学生认识生物科学技术在生活、生产和社会发展中的重要作用。

具体内容	活动建议
列举植物的无性生殖	有条件的学校可以开展组织培养的活动或参观组织培养生产基地
尝试植物的扦插或嫁接	
描述植物的有性生殖	

二、教材分析

人的生殖和发育等基础知识已经在七年级下册中介绍过，细菌、真菌、病毒等知识在八年级上册也有所涉及，所以本章着重介绍植物与动物的生殖。

由于植物的有性生殖和发育已在七年级上册介绍过，所以第一节以复习植物的有性生殖的相关内容来引入，随后重点介绍无性生殖及其应用。

本章内容与生产实践联系紧密，所安排的课外实践(如扦插和嫁接、饲养家蚕并观察其生殖和发育过程)内容都有一定的难度，如果学生没有相关的科学知识，不容易理解，也不便于开展实践。针对学生可能具有的一些前概念或已有的生活经验，教师要充分了解、利用和拓展，使教学过程顺应学生的认知规律，从而实现“做中学”。

三、传统文化链接分析

知识点	无性生殖(以竹子、柳树为例)	
民族精神	民族自豪感、责任感	(1)中国是竹子的源产地之一，也是最早开发竹子应用的国家。 (2)竹子可以作为传统劳动工具、烹饪工具、书写工具等。
	理想信念教育	象征生命的顽强、长寿、幸福。
	科学精神 创新精神	

续表

生命教育	生命本质教育	竹子不畏风雪、顽强生长。
	健康教育	
	生态环保教育	竹林的保护，减少竹子开花的现象发生。
	安全教育	
	感恩教育	
美学教育	古典文学	文人墨客留下许多经典的咏竹诗、咏柳诗，如苏东坡"疏疏帘外竹，浏浏竹间雨"，贺知章"碧玉妆成一树高，万条垂下绿丝绦"，等等。
	人格美	竹子常被用来象征宁折不弯的品格。
	图画美	教材中的图片。
	自然美、科学美	各种各样以竹为主题的画作。

四、学情分析

八年级第二学期的学生学习生物已有三个学期，形成了一定的生命观念，感性思维和理性思维也得到一定程度的发展，大部分学生对于生物学科依然保持比较浓厚的学习兴趣，但在学习生物课程的过程中依然存在错误的前概念，缺乏一定的归纳、整合能力，还需要教师加以引导。

五、承载素养

核心素养	对 应 内 容
生命观念	(1)有的植物既可进行有性生殖，也能进行无性生殖。 (2)由两性生殖细胞结合形成受精卵，再由受精卵发育成新个体的生殖方式称为有性生殖。有性生殖的后代，具有双亲的遗传特性。 (3)不经两性生殖细胞的结合，由母体直接产生新个体的生殖方式称为无性生殖。无性生殖产生的后代，只具有母体的遗传特性。
科学探究	
理性思维	观察几种植物的无性生殖过程，培养归纳能力。
社会责任	(1)了解植物的多种生殖方式，领悟植物顽强的生命力。 (2)体验扦插和嫁接，感受动手实践的乐趣。 (3)理解我国的竹文化，体会竹子所象征的宁折不弯的精神，从而激发正直做人的信念。

续表

六、教学目标

(1)描述植物的有性生殖和无性生殖。
(2)列举植物常见的无性生殖。
(3)尝试植物的扦插或嫁接。

七、教学重难点

(1)重点：描述植物的有性生殖和无性生殖。
(2)难点：描述植物的有性生殖和无性生殖。

八、教学用具

PPT，学生于课前搜集的有关竹子的诗画。

九、教学过程

环节	内容	教师活动	学生活动	设计意图
情境导入		(1)创设情景：以竹为主题的画作(见图3-22)与诗歌。 (2)设问：竹子起源于中国，在我国形成了丰富的竹文化。同学们对此有什么感悟？  图3-22　以竹为主题的画作	观看，回答感受。	创设情境，激发兴趣，引入主题。

续表

环节	内容	教师活动	学生活动	设计意图
探索新知	旧知重温	竹子不仅为文人提供了作诗作画的素材，还可以用来制作传统劳动工具、烹饪工具、书写工具等，也能食用，可作为熊猫的食物。 小组活动1： 情景活动：在四川某个熊猫生活区域，熊猫所吃的竹子出现大面积开花现象，熊猫的食物严重短缺。假如我们是当地的学生，该如何协助相关人员解决这个问题？ 1. 小组讨论 要解决这个问题，我们可以一步步提出哪些系列问题？ 2. 学生设疑 (1)竹子开花就会枯萎，导致熊猫的食物短缺，怎么办？ (2)竹子开花是正常的现象吗？竹子为什么会开花结果？它的开花结果的过程是怎么样的？ (3)竹子通过开花结果来繁殖后代，这属于哪种生殖方式？ (4)竹子的生长周期一般要多长时间？ 3. 师生总结 (1)有性生殖的概念和特点。 (2)列举能进行有性生殖的植物。	熟悉情景活动任务、小组讨论、提出问题串、讨论解决。 (1)暂时由别地运来竹子。 (2)学生自主完成课本图解(见图3-23)。 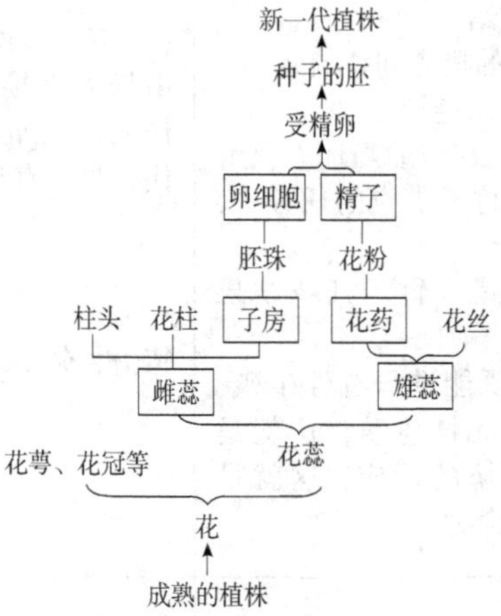 图3-23　课本图解 (3)有性生殖：由两性生殖细胞结合形成受精卵，再由受精卵发育成新个体的生殖方式称为有性生殖。有性生殖的后代，具有双亲的遗传特性。 (4)生长周期长，一般有3—4年。	深度学习，构建具有挑战性的小组活动，引导学生在解决问题的过程中，自行将其分解为系列问题串，再自主解决。在这个过程中，学生主动构建竹子的有性生殖方面的知识，同时提升了问题解决能力、小组合作能力。

续表

环节	内容	教师活动	学生活动	设计意图
探索新知	竹子的无性生殖	既然种植竹子的时间周期过长，影响熊猫的食物供应，那么，有没有其他的解决方法？ 1. 观察思考 展示竹子的竹鞭（地下茎）、竹笋图片和竹笋的生长周期等资料，引发学生思考：竹子是否有其他的生殖方式？ 2. 学生设疑 （1）和竹子通过开花结果繁殖后代相比，通过竹笋种植新竹子的方法有什么优势？ （2）利用竹笋种植新竹子的生殖方式有什么特点？ 3. 师生总结 无性生殖的概念和特点。 4. 传统文化链接 （1）同学们在帮助当地人民解决熊猫的竹子供应的任务中，有何收获？ （2）如何减少竹子开花结果现象？ （3）竹子既能进行有性生殖，也能进行无性生殖，这就是生物对环境的适应，这就是顽强的生命力。	观看、思考、回答。 （5）生长周期短。 （6）不经过两性生殖细胞的结合，由母体直接产生新个体的方式叫作无性生殖。无性生殖产生的后代，只具有母体的遗传特性。 感悟、分享，情感升华。	深度学习，构建有挑战性的小组活动，学生为了解决大问题，自行提出系列问题串，再自主一一解决，在这个过程中，学生主动构建竹子的无性生殖的概念，同时提升了问题解决能力、小组合作能力。
拓展延伸	植物的无性生殖	在自然界中，还有哪些植物能进行无性生殖？ 1. 观看视频 （1）播放各种无性生殖的植物的视频。 （2）设疑：这些植物是利用哪种器官进行繁殖后代的？ 2. 教师设疑 （1）引导学生注意扦插、压条、嫁接的区别。 （2）着重介绍嫁接技术，引导学生认识砧木和接穗的区别（见图 3-24）。	观看视频，并尝试介绍植物的各种无性生殖的方式。 聆听，注意区别。 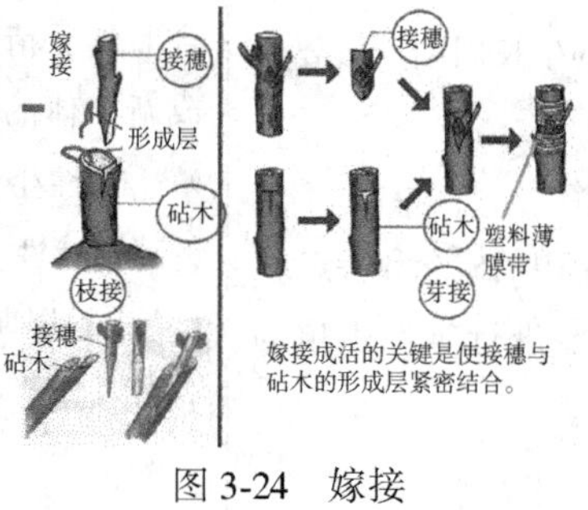 图 3-24　嫁接	分析其他植物的生殖方式，体现学以致用、主动学习的观念。

续表

<table>
<tr><th>环节</th><th>内容</th><th>教师活动</th><th>学生活动</th><th>设计意图</th></tr>
<tr><td rowspan="2">归纳总结</td><td>植物的无性生殖</td><td>1. 小组讨论
(1)这些生殖方式有什么共同点？有哪些优势？
(2)尝试完成有性生殖和无性生殖的表格对比(见图 3-25)。
2. 师生总结
以表格来展示有性生殖和无性生殖的区别，如概念、特点、优势、举例等。
3. 知识链接
细菌的分裂生殖、酵母菌的出芽生殖、蘑菇的孢子生殖属于哪种生殖方式？为什么？</td><td>思考、讨论、回答。
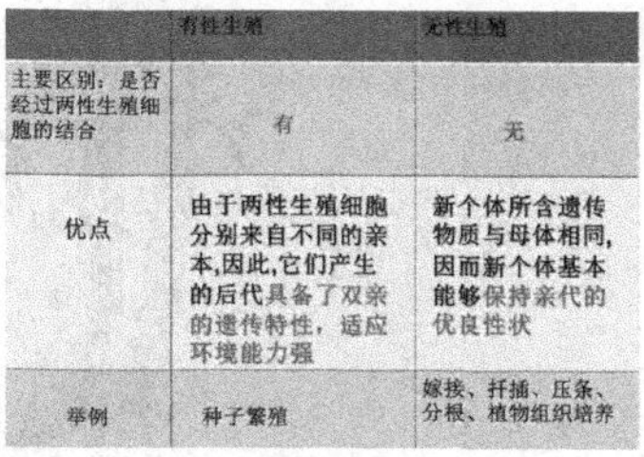
<table><tr><th></th><th>有性生殖</th><th>无性生殖</th></tr><tr><td>主要区别：是否经过两性生殖细胞的结合</td><td>有</td><td>无</td></tr><tr><td>优点</td><td>由于两性生殖细胞分别来自不同的亲本,因此,它们产生的后代具备了双亲的遗传特性，适应环境能力强</td><td>新个体所含遗传物质与母体相同,因而新个体基本能够保持亲代的优良性状</td></tr><tr><td>举例</td><td>种子繁殖</td><td>嫁接、扦插、压条、分根、植物组织培养</td></tr></table>
图3-25　有性生殖与无性生殖的比较

回顾、分析、区别。</td><td>引导学生主动构建知识，并能区别不同的概念，培养自主学习能力。

引导学生进行知识的整合、整理。</td></tr>
<tr><td>传统文化渗透教育</td><td>自然界中很多植物为了繁衍，逐渐适应环境，既能进行有性生殖，也能进行无性生殖。植物的生命力太强了！
回顾今天所学的内容，同学们对竹子又有什么新的认识呢？
1. 小组活动：我给竹子重新定义
(1)从生物学的角度来分析，竹子带给你的启示有哪些？
(2)从传统文化的角度去分析，竹子带给你的启示有哪些？
(3)如果让你重新定义竹子，你觉得竹子象征着什么？
2. 教师结语
我国有着丰富的竹文化，众多文人墨客不仅爱竹，还创作了大量咏竹的诗、画，有助于我们深入感受竹子所代表的精神。竹子为了适应环境，延续种族，既能进行有性生殖，又能进行无性生殖，自然界太神奇了！竹子的生命力太强大了！我们都应该向竹子学习，遇到困难要勇敢面对、积极进取。加油！同学们！</td><td>感悟、讨论、分享，并以竹子文化为例，体验我国传统文化的魅力。</td><td>引导学生从生物学与传统文化的角度去感受、思考竹子带来的启示，从而进行传统文化教育以及正直做人精神渗透教育。</td></tr>
</table>

续表

十、板书设计(见图 3-26)

7.1.1 植物的生殖

竹子

有性生殖　　有性生殖

生殖方式	新个体的产生方式	遗传物质的来源	意　　义
有性生殖	两性生殖细胞结合，形成受精卵，然后发育成新个体	来自一个亲本	适应环境能力强，有利于扩大植物的分布范围
无性生殖	不通过两性生殖细胞结合，由母体直接产生新个体	来自一个亲本	产生后代个体的速度快，数量多，保持了母本的优良性状

图 3-26 “植物的生殖”板书设计

十一、作业设计

(1)完成相应习题。

(2)尝试扦插或嫁接一种植物，并做好定期记录。

教学设计 2:《昆虫的生殖和发育》

案例名称	《昆虫的生殖和发育》

一、课标分析

本节内容属于课标一级主题“生物的生殖、发育与遗传”下的二级主题“动物的生殖”。通过学习动植物的生殖、发育和遗传的基本知识，以及遗传育种在生产实践中应用的知识，有助于学生认识生物科学技术在生活、生产和社会发展中的作用。

具 体 内 容	活 动 建 议
举例昆虫的生殖和发育过程	饲养家蚕或其他昆虫

续表

二、教材分析		
昆虫是学生比较熟悉和好奇的生物，但要求学生准确说出昆虫生殖和发育的过程和特点，还需向学生提供丰富的相关资料。教材以家蚕和蝗虫为例，安排了观察与思考、课外拓展等活动，教师应以教材为依托，充分调动学生已有的知识和经验，引导学生进行总结，培养学生的观察能力和表达能力。 本节还设置了技能训练栏目，引导学生针对本节内容来提出新问题，并找到相应的解决措施，从而培养学生的实践能力。		
三、传统文化链接分析		
知识点	家蚕的生殖和发育	
民族精神	民族自豪感、责任感	我国的丝绸文化
	理想信念教育	家蚕象征着无私奉献精神
	科学精神 创新精神	如何增加蚕丝产量，家蚕基因组，生物学国家重点实验室
生命教育	生命本质教育	有生命诞生，就会有生命衰亡。“春蚕到死丝方尽”这一生命现象揭示了蚕的一生是非常有意义的，它的发育经历了卵、幼虫、蛹、成虫的阶段，其实吐完丝后的蚕并没有“死”，为了繁衍下一代，它不惜“作茧自缚”，完成生命形态的转化。人的自然生命历程从童年、少年、壮年到老年，最后死亡。一生中必定会经历各种挫折、困难，但是我们相信，积极进取才能在不同阶段实现自我价值。
	健康教育	
	生态环保教育	平衡养蚕业和种植桑叶行业
	安全教育	
	感恩教育	以蚕的无私奉献精神，引发学生对家人、老师的感恩之情
美学教育	古典文学	春蚕到死丝方尽，蜡炬成灰泪始干
	人格美	
	图画美	教材中的图片
	自然美、科学美	各种各样用蚕丝织成的丝绸图片
四、学情分析		
八年级的学生已经形成了一定的生命观念，其感性思维和理性思维也得到一定程度的发展，且对于生物的学习依然保持比较浓厚的学习兴趣，但依然存在一些错误的前概念，缺乏一定的归纳、整合能力，还需要教师加以引导。		

续表

五、承载素养	
核心素养	对 应 内 容
生命观念	昆虫能进行变态发育。在由受精卵发育成新个体的过程中，幼体与成体的形态结构和生活习性差别很大，这种发育过程称为变态发育。
科学探究	
理性思维	(1)观察家蚕生殖发育过程中各个阶段的示意图，进而归纳总结家蚕的发育过程及其特点，并能区别家蚕和蝗虫的发育方式。 (2)对提出的问题进行评价，培养分析问题的能力。
社会责任	(1)以丝绸文化为切入点，弘扬我国的优秀传统文化。 (2)关注昆虫在自然界和人类生活中的作用，辩证地认识昆虫与人类的关系。 (3)饲养家蚕，观察昆虫的生殖过程及其生命周期，感受生命之美。

六、教学目标

(1)举例说明昆虫的生殖和发育过程。

(2)举例说明完全变态发育和不完全变态发育的异同点。

七、教学重难点

重点：①举例说明昆虫的生殖和发育过程。②举例说明完全变态发育和不完全变态发育的异同点。

难点：举例说明完全变态发育和不完全变态发育的异同点。

八、教学用具

PPT，丝绸文化资料

九、教学过程

环节	内容	教 师 活 动	学 生 活 动	设 计 意 图
情境导入		1. 创设情景：播放我国丝绸文化发展史的纪录片(见图3-27)，以及弘扬丝绸文化的相关报道。 2. 引言：悠悠文明史，漫漫丝绸路，小小的家蚕不仅同中华文明紧密相连，也促进了中外文化的交流。同学们，当你们看到这些有关丝绸文化的报道时，你有什么感受呢？  图3-27　纪录片	观看，了解，回答感受。	创设情境，激发兴趣，引入主题。

续表

环节	内容	教师活动	学生活动	设计意图
探索新知	家蚕的生殖和发育	让我们跟随小小的家蚕来一场美丽的旅行吧！ 环节一：穿越过去 情景素材：古代的养蚕业就已经非常发达，有些地区家家户户都养蚕，且织布机及织布技术也在不断改善，编织出的丝绸非常美丽，还能远销他国。 小组活动 1： 李氏一家已经养蚕好几年了，但今年李大妈家养的蚕吐丝量比较少，导致最终产量不多。假如我们穿越过去，怎么帮助李氏解决问题呢？ 1. 小组讨论 1 要想解决这个问题，我们可以先将其分解并提出问题串。 2. 学生设疑 (1)家蚕是怎么繁殖后代的？ (2)家蚕的发育过程包含哪些阶段？ (3)家蚕在哪个发育阶段会吐丝？ (4)结合家蚕的发育过程，提出增加家蚕吐丝量的方法。 (5)影响家蚕吐丝的因素还有哪些？ 3. 小组讨论 2 引导学生观察家蚕发育过程中各个阶段的形态图，小组讨论并提出的问题(见图 3-28)。 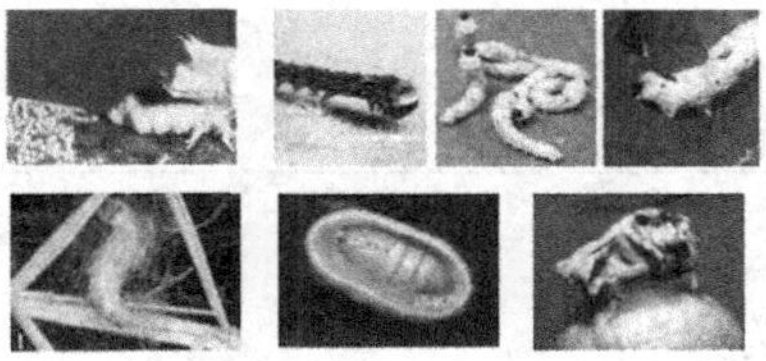 图 3-28　蚕的生殖与发育 4. 传统文化链接 (1)唐朝李商隐在诗中写道："春蚕到死丝方尽，蜡炬成灰泪始干"。从生物学的角度分析，可以怎么改得更准确？	熟悉情景活动任务、小组讨论、提出问题串、讨论解决。 思考，回答。 (1)产卵，有性生殖 (2)经过卵、幼虫、蛹、成虫四个时期 (3)幼虫时期 (4)在幼虫时期保证蚕宝宝的营养来源 (5)温度、水分、食物来源等都有关系 思考，回答。 "死"字改为"蛹"字 思考，感悟。 劳动出真知，我国劳动人民的智慧是无穷的，我们要参加劳动，加强实践。 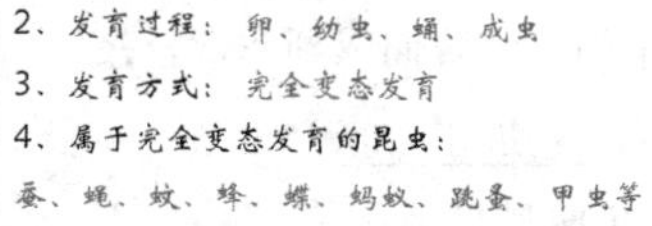 图 3-29　总结 1	深度学习，构建具有挑战性的小组活动，引导学生自行提出系列问题串，并主动构建家蚕的生殖和发育过程，从而提升了问题解决能力、小组合作能力。

续表

环节	内容	教师活动	学生活动	设计意图
探索新知	家蚕的生殖和发育	(2)结合这首诗，小小的家蚕带给你的启示是什么？ (3)为什么我国的丝绸文化发展得好？对此有什么启示？ 5. 师生总结 (1)家蚕的这种发育方式有什么特点？ (2)哪些昆虫具有同样的发育方式？		
	竹子的无性生殖	经过同学们的努力，李氏一家的蚕宝宝吐丝量增加了很多，李氏非常高兴。那么，当今我们国家的家蚕养育行业、丝绸行业发展得怎么样呢？ 环节二：回到现在 情景素材：我国建造了国家重点实验室，用以研究家蚕，桑基鱼塘的发展也非常迅速。 **【视频播放】** 播放视频：创新进行时——探秘国家重点实验室 **【小组分享】** 引导学生在课前搜索有关家蚕的研究资料，在课上分享。 **【传统文化链接】** 从同学们的分享以及视频中来看，研究人员如何一步步地去研究家蚕，你有什么收获？	观看、感悟。 学生分享课前查阅的资料。 感悟、分享，情感升华。	引导学生在课前收集我国养蚕业和丝绸文化的最新进展资料，激发爱国理想，体会研究人员坚持不懈、严谨求真的科学精神。
拓展延伸	植物的无性生殖	「过渡」 我国的家蚕研究走在世界的前端，作为一名中国人，我们感到非常自豪。 环节三：展望未来 **【畅想愿景】** 你对我们国家未来的养蚕业、丝绸文化有什么愿景呢？	自由畅想，描述对我国丝绸文化的向往和未来设想。	设计畅想未来，引导学生对家蚕未来发展的愿景进行思考。

续表

<table>
<tr><th>环节</th><th>内容</th><th>教 师 活 动</th><th>学 生 活 动</th><th>设 计 意 图</th></tr>
<tr>
<td>归纳总结</td>
<td>植物的无性生殖</td>
<td>小小的家蚕，通过吐丝，让我们织成一张张美丽的丝绸。是不是所有的昆虫都会吐丝？所有的昆虫的发育过程都和家蚕一样吗？它们的发育方式和家蚕相比，有何异同呢？
1. 资料分析
(1)展示蝗虫的发育过程，以及蝗灾等相关资料(见图 3-30)。

图 3-30　蝗虫
(2)设问：
和家蚕相比，蝗虫的生殖和发育有什么特点？
若虫和成虫有什么相同点和不同点？
还有哪些昆虫的发育方式与蝗虫相似？
2. 出谋划策
假如某个地区出现蝗灾，从生物学的角度，我们可以提出哪些治理蝗灾的措施呢？在蝗虫的哪个发育时期加以治理更有效？
3. 师生总结
(1)蝗虫的发育方式。
(2)表格总结：昆虫的完全变态发育和不完全变态发育的对比(见图 3-32)。</td>
<td>观察、思考、回答。
(1)蝗虫是产卵生殖，属于有性生殖。
蝗虫的发育过程主要包括卵、若虫、成虫三个阶段。
(2)若虫和成虫相比，都具有三对足、一对触角，但是身体较小，生殖器官没有发育成熟，仅有翅芽。
学生根据自己掌握的知识提出治理蝗灾的方法，如生物防治，或在若虫时期加以治理。
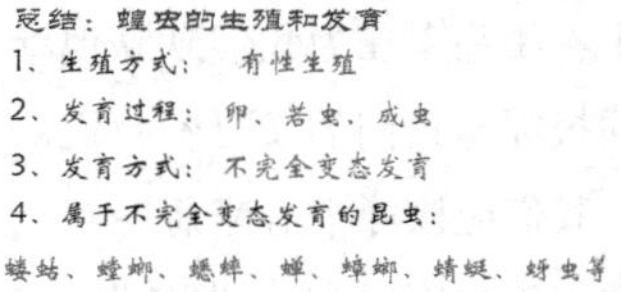
总结：蝗虫的生殖和发育
1、生殖方式：　有性生殖
2、发育过程：卵、若虫、成虫
3、发育方式：不完全变态发育
4、属于不完全变态发育的昆虫：
蝼蛄、螳螂、蟋蟀、蝉、蟑螂、蜻蜓、蚜虫等
图 3-31　总结 2
<table>
<tr><th>比较</th><th>相同点</th><th>不同点</th></tr>
<tr><td>家蚕</td><td>有性生殖，发育过程为变态发育</td><td>发育经过卵、幼虫、蛹和成虫四个时期，幼虫的形态结构和生活习性与成虫有显著不同，为完全变态发育</td></tr>
<tr><td>蝗虫</td><td>有性生殖，发育过程为变态发育</td><td>发育经过卵、若虫、成虫三个时期，若虫与成虫的形态结构、生活习性相似，为不完全变态发育</td></tr>
</table>
图 3-32　家蚕与蝗虫的对比</td>
<td>引导学生主动构建蝗虫生殖和发育的相关知识，并能区别完全变态和不完全变态发育，培养自主学习能力。
引导学生学以致用，利用所学知识解决实际问题。</td>
</tr>
</table>

续表

环节	内容	教师活动	学生活动	设计意图
归纳总结	传统文化渗透教育	1. 传统文化链接 (1)我国人民在辛勤的劳动中积累了很多宝贵的劳动经验，如养蚕，治理蝗灾等。这些例子带给你什么启示？ (2)这节课主要是围绕家蚕展开了一场穿越过去、回到现在、展望未来的旅行。在这次旅行中，同学们有哪些新的认识？小小的家蚕又带给你哪些人生的启示呢？ 2. 教师结语 “春蚕到死丝方尽”是我国古代诗人对家蚕的赞美，小小的家蚕，用其渺小的身体，短暂的一生，给予我们美丽的丝绸，推动了我国丝绸文化的发展，从家蚕的身上，我感受到了一种奉献的魅力。在我们的生活中，哪些人在为我们默默地奉献着而不求回报呢？我们的父母？我们的老师？也许，我们应该静下心来想一想，我们如何对他们表示感恩和感谢？期待同学们用自己的行动书写答案，加油！同学们！	感悟、讨论、分享。 体会中华文明、丝绸文化的魅力，体会家蚕的无私奉献，领悟感恩，并能以积极的态度克服生活中的困难。	引导学生通过家蚕、丝绸文化等资料体会其中蕴含的感恩、奉献，以及勇于克服困难的意识。

十、板书设计(见图 3-33)

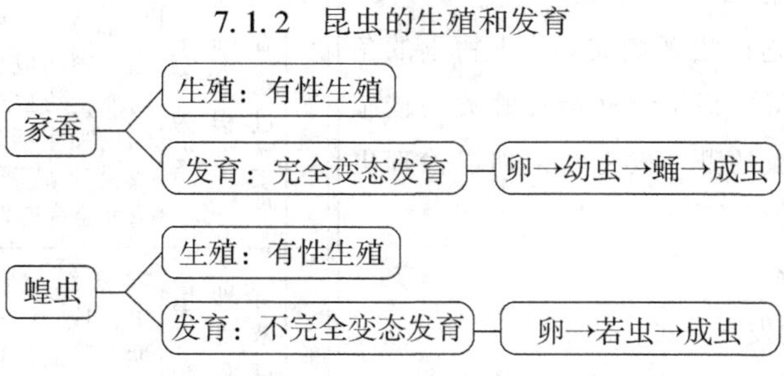

图 3-33 “昆虫的生殖和发育”板书设计

十一、作业设计

(1)完成相应习题。

(2)尝试饲养家蚕，定期观察并记录其生长过程。

类型二：农业生产类

教学设计3：《种子的萌发》

一、教学目标

(1)通过小组合作探究，阐明种子萌发的环境条件和自身条件。

(2)结合生活经验、中国传统文化中的谚语、古代自然科学等元素营造探究情景，引导学生推想种子萌发所需的环境条件和自身条件，并做出假设。

(3)运用对照实验法设计并完成对“种子萌发的环境条件”的探究，学会控制实验条件，检验不同的环境因素对种子萌发的影响，开展科学方法训练。

(4)培养严谨的科学探究的态度。

二、重点难点

在种子萌发环境条件的探究实验中，设置对照实验并对实验现象进行分析。

三、课前准备

多媒体课件，收集中国传统文化中有关播种的谚语，收集种子萌发过程的图片，分配学习小组。

四、教学过程

内容	教师活动	学生活动	教学意图
导入	(1)展示中国节气图——清明 (2)谚语“清明前后，种瓜点豆”充分体现了中国农民的智慧，同学们能说一说其中蕴含的科学道理吗？	感知节气美。 发表自己的见解。	通过图画、古代谚语等来创设情境，将学生带入学习和探究的氛围。
(一)种子萌发的环境条件	1. 提出问题 在什么样的环境条件下，种子才能萌发？ 补充农业谚语： 清明早，小满迟，谷雨种棉正适时。 芒种不种，过后落空。 有水才有谷，无水守着哭。 粮食冒尖棉堆山，寒露不忘把地翻。 麦田水多是砒霜。 2. 做出假设 引导学生做出合理的假设，种子的萌发需要________的环境条件。 种子的萌发一定要有土壤、阳光吗？你的根据是什么？	根据已有的知识和生活经验，以及教师补充的谚语来推测影响种子萌发的因素。 做出合理的假设：种子的萌发需要适宜的温度、一定的水分和充足的空气。 推翻不合理的假设。	启发学生思维，学会从生活经验、农业谚语中推测蕴藏的科学道理，激发学生对古代劳动人民智慧的敬佩之情。 培养学生能根据实际情况做出合理假设的能力。 能辩证地看待问题，培养科学思维。

续表

内容	教师活动	学生活动	教学意图
（一）种子萌发的环境条件	3. 制订计划 在验证影响种子萌发的因素时，需要选取什么种子？为什么？ 要选多少颗种子？为什么？ 还需要什么实验器材？	学生思考并回答。	以问题引导学生思考、探究，激发科学探究的热情。
	展示：有位同学这样做：在 1 个培养皿中放入 10 粒种子，并洒上适量的水，再放在常温中培养，观察种子是否能发芽，这样可以验证假设吗？	学生思考并分析确定影响种子萌发的因素的方法。	引导学生学会设置对照组和实验组，掌握做对照实验的科学方法。
	讲解：他只是做了对照组，有三个因素会影响种子的萌发，我们需要一个个验证，可以采用控制变量的方法，设置一组实验组来进行对比，从而探究是哪种因素影响种子的萌发。 例如：验证种子萌发需要一定的水分，我们怎么设置对照实验？其他的环境条件是否应当与对照组相同？	学生思考并回答。	让学生学会正确地制订实验计划。
	验证种子萌发需要充足的空气，怎么设置对照实验？除了放到真空中，有没有更简便的方法？	讨论并完善计划。	选择更好、更简便的方法。
	4. 实施计划 请各小组认真选择材料，并开始探究实验。	学生按确定的探究计划选择种子与合适的器材进行实验。 定期观察并做记录。	培养探究能力。
	5. 分析结果，得出结论 请同学们想一想，这 4 个培养皿中，哪个培养皿中的种子能萌发，未能萌发的是什么原因？	学生推测实验结果，用对比法分析种子萌发需要的条件。	学会科学推理。
	展示：提前培养好的种子，可供学生观察验证。	学生观察各组实验，记录实验结果，并得出结论。	直观验证假设。
	6. 表达交流 讨论：为什么要设置 2 号培养皿为对照组？ 培养皿 1 号和 3 号是对照实验吗？ 每个人的实验结果都一样吗？	分析结论并回答。	培养实事求是、严谨治学的科学精神。

续表

内容	教师活动	学生活动	教学意图
（二）种子萌发的自身条件	讲解：根据刚才的实验结果，我们发现，2号培养皿中的种子，有个别不发芽的，既然环境与条件都满足了，为什么它不发芽呢？ 把大米种到土里，为什么不发芽？ 谚语：好花结好果，好种长好稻。 良种出高产。	思考并回答。 分析原因，种子自身还需具备一定条件。	发散思维。 体会劳动人民的智慧，培养热爱劳动的情感。
（三）小结和拓展作业	请学生总结：种子萌发需要具备环境条件和自身条件。 作业：请运用学过的科学知识，和家长一起泡发绿豆芽，并拍照上传到班级群。	学生总结。	总结并提升认识。 培养学生学以致用的思维品质，以及热爱劳动、自给自足的劳动意识。

五、板书设计（见图 3-34）

种子的萌发

一、种子萌发的环境条件

提出问题：在什么样的环境条件下，种子才能萌发？

作出假设：种子萌发需要____________________。

制订计划：____种子、____粒、器材

对照实验
- 对照组：适宜温度　　适量水　　充足空气
- ↕　　↕　　↕
- 实验组：低温　　没有水　　没有空气

实施计划并得出结论：种子萌发需要的环境条件包括适宜的温度、一定的水分和充足的空气。

二、种子萌发的自身条件

胚是活的、完整的，度过休眠期。

图 3-34　“种子的萌发”板书设计

六、教学反思

本节课通过传统文化中的谚语引入新课，激发学生积极思考问题，并通过教师的启

发，培养学生的科学思维，在此过程中，学生通过自己设计实验方案，动手实验，提高科学探究能力，将生物学科核心素养落到了实处。

在教学过程中，教师对学生的疑惑能及时指导，若能让学生去尝试各种设计，让学生在错误中进步，效果会更好。

类型三：医学科研类

教学设计4：《鸟的生殖和发育》

一、教学目标

(1)观察鸟卵的基本结构，指出鸟卵适宜于在陆地上发育的结构特点。(科学探究、科学思维、生命观念)

(2)描述鸟的生殖和发育过程。(生命观念)

(3)关注鸟类与人类生活的关联。(社会责任)

二、教学内容

教学重点：

(1)鸟卵的基本结构。

(2)鸟卵适宜于在陆地上发育的结构特点。

教学难点：

(1)鸟卵适宜于在陆地上发育的结构特点。

三、教学过程

教学环节	教师行为	学生行为	意图
知识科普，初步感知	教师提出问题：同学们，你们知道现存最大的鸟卵和最小的鸟卵分别是什么吗？ 现存鸟类中最大的鸟卵是鸵鸟的卵，最小的鸟卵是蜂鸟的卵。 生活中常见的鸟卵在大小上存在一些差异，如鹅卵、鸡卵和鹌鹑卵(教师展示图片)，它们的结构是否也存在差异呢？	学生根据已有认知回答问题，随后了解科普知识，明确学习目标。	通过科普知识引导学生对鸟卵形成初步的认知，激发其学习兴趣。

续表

教学环节	教师行为	学生行为	意图
实验探究，掌握知识	鸡卵，俗称鸡蛋，是生活中常见的食物，你能说出鸡蛋中已知的结构吗？你认为雏鸡是由哪个部分发育而来的？（学生猜测） （一）观察与推测 讲述“观察”和“推测”的要点：“观察”时要由外到内，层层深入；“推测”是根据现象进行推断，而不是凭空想象。 （二）师生共同探究鸟卵的结构 1. 教师介绍实验材料 鹅蛋、鸡蛋、鹌鹑蛋、烧杯、白醋、放大镜、40℃～50℃温水、注射器、解剖针、镊子、剪刀、稍大的培养皿、稍小的培养皿。 2. 实验过程 教师一边演示一边讲解，引导学生动手操作实验并进行探究。 （1）用手分别握住鹅卵、鸡卵和鹌鹑卵，发现其并不容易被握碎。再拿出事先用白醋浸泡过的鸟卵进行比较，可以发现卵壳的变化，请同学们推测卵壳的作用。 （2）仔细触摸卵壳表面，感知它是粗糙还是光滑的。使用放大镜观察，发现卵壳表面有许多小孔，这些小孔是卵壳上的斑点还是气孔？ 通过实验验证“小孔”是否存在。 方法一：将鸟卵放入40℃～50℃温水中观察。 方法二：取一枚鸟卵，使用注射器将其表面戳一个小孔，用注射器向内注入空气，观察卵壳表面的变化。	大部分学生认为鸡卵由“蛋壳”“蛋白”和“蛋黄”构成，其中“蛋黄”将发育成雏鸡。 掌握“观察”和“推测”两种科学方法的要点，为后续实验奠定基础。 根据教师的指引准备好实验用具，与教师一起操作实验。 经过实验操作并结合上学期所学鸟的基本结构的认知，得出结论：卵壳具有保护的作用，还能防止水分的丢失。 仔细摸卵壳表面，发现其表面并不是很光滑，有些粗糙。使用放大镜观察，可发现上面有许多小孔。 通过观察实验现象，感知气孔的存在，并推测气孔是气体进出鸡卵的通道。	了解学生的“前认知”，并在其基础上做进一步探究。 引导学生运用正确的科学方法进行实验探究，并通过实验活动，提升科学探究能力等核心素养。 通过实验现象揭示事物本质，通过“推测”来自主构建概念，了解其基本结构的功能及其与环境的适应关系，体现了核心素养中“科学探究”和“理性思维”等素质的要求。 通过实验和探究，学生了解到新鲜的鸟卵是“活”的，从而引导学生形成“生命观念”，并认知生物的多样性和统一性，进而形成科学的自然观和世界观。 在教师指导下，探究生命活动规律，解决实际问题。

续表

教学环节	教师行为	学生行为	意图
实验探究，掌握知识	引导学生推测卵壳表面气孔的功能，再引导学生设计对照实验进行验证。 (3)区分鸟卵的尖端和钝端。用镊子后端分别敲击三种鸟卵的钝端，使卵壳逐渐破裂，用镊子将卵壳轻轻剥离，然后看到了一层紧贴卵壳的白色膜状结构，即卵壳膜的外层(外卵壳膜)。请同学们推测卵壳膜的作用。 (4)用手指按压外壳膜，感受下面充满气体的空腔，然后将外壳膜剪开，可以看到里面的空腔结构，即气室。请同学们推测气室的作用。 (5)用剪刀剪开气室下方的内壳膜，用镊子撕下内壳膜，再将鸟卵中的物质倒入培养皿中，然后引导学生辨识卵白、卵黄、系带、胚盘。 (6)结合生活常识可知，食用卵黄和卵白可以补充营养，尤其是卵黄。请同学们推测卵黄和卵白的作用。 (7)进一步观察，可以看到卵黄两边有白色带状物质，即系带，能起到固定卵黄的作用。 (8)在卵黄的表面发现一个白色的圆点，即胚盘，内含细胞核(实验技巧：如果没有发现胚盘，可以将碗扣在盘子上面，然后翻转盘子和碗，使卵黄的另外一侧呈现在上方)。 (9)引导学生观察，发现卵黄和卵白并没有融为一体，中间似乎有一个膜状结构将两者分隔开。 方法一：将注射器针头插入卵黄，并向内充气，再观察现象。	学生设计对照实验，利用课后操作实验以验证气孔的作用。 观察发现：鸟卵较尖的一端为“尖端”，较圆润的一端为“钝端”。在教师指导下，认识“卵壳膜”结构，并推测卵壳膜可以起到保护的作用。 认识“气室”结构，并了解其可以储存空气，为胚胎发育提供氧气。 操作实验，认识卵白、卵黄、系带、胚盘，并了解卵黄为胚胎发育提供主要营养，卵白提供营养物质和水分，系带起到固定卵黄的作用。 通过实验，感知“卵黄膜”的存在，推测其可以起到保护胚胎、减少水分丢失的作用。	

续表

教学环节	教师行为	学生行为	意　　图
实验探究，掌握知识	方法二：用注射器将卵黄抽出，将剩下的膜状物质在清水中轻轻晃动清洗。 方法三：直接用解剖针戳破卵黄膜，让里面的物质流出。引导学生感知卵黄膜的存在，并推测卵黄膜的作用。 【学习任务一】 引导学生自行填写“学习任务单”。 小结：师生共同总结鸟卵的结构。 （三）知识补充 观看“中国首例无壳孵化鸡”孵化过程的视频，并思考以下问题： （1）雏鸡是由鸡卵的哪个部分发育而来的？ （2）鸡卵在什么样的条件下可以发育成雏鸡？ 【学习任务二】 小组合作：鸟卵的复杂结构对适应陆地环境有什么优势呢？请举例说明。 展示图片并介绍鸟类生殖和发育的一般过程。 提问：鸟类的生殖和发育过程一定要经过这些阶段吗？有没有例外？（如杜鹃鸟，既不筑巢，也不孵卵和育雏。）	学生自行填写“学习任务单”。 学生观看视频并总结： （1）“胚盘”将发育成雏鸡。 （2）已受精的鸡卵需要在适宜的条件下（如温度等）才能发育成雏鸡。 学生小组合作，探讨“学习任务单”中的内容，并互相交流。 学生了解鸟类生殖和发育的基本过程：求偶→筑巢→交配→产卵→孵卵→育雏。 师生共同总结：所有鸟类都会经历的阶段有求偶、交配、产卵等。	
新闻速递，和谐关系	新闻速递：每年冬天，来自西伯利亚的红嘴海鸥会到云南昆明滇池过冬。2020年初为了保证红嘴海鸥们顺利过冬，工作人员集中为它们投食，这一场景诠释了人与动物和谐共生的理念。	这则新闻让我们感知人与鸟类和谐相处的画面。	引导学生形成生态意识，参与环境保护实践，从而提升核心素养中的“社会责任”意识。

续表

教学环节	教师行为	学生行为	意　图
师生合作，小结巩固	师生共同通过概念图的形式总结本节内容。		
学以致用，德育引导	课后实践：了解“爱鸟周”，学生合作共建人工巢箱，给鸟儿们打造温暖的“家”。	学生小组合作，用实际行动爱鸟护鸟。	实现“智育”“德育”“劳育”三维目标的发展。

教学设计5：将传统文化应用于初中生物课堂教学

——以“输送血液的泵——心脏”为例

中华民族历史源远流长，传统文化博大精深。在初中生物教学中适当融入优秀传统文化元素，不仅可以激发学生的学习兴趣，还可以使学生体会到传统文化与生物学的密切联系，进而培养学生热爱祖国、热爱传统文化的情怀。如今，新课程标准提倡以学生为主体、教师为主导的教学理念，打破了传统的灌输式教学模式，这对教师而言，是机遇，也是挑战。新课程标准还要求提高教学效率，这就需要初中生物教师大胆探索，通过对新课程标准下生物课堂教-学-评方式的研究，切实从教学过程、学生学习、课堂检测评价三个方面入手，提出有效的方法策略，才能激发学生的学习兴趣，提高教学效率。本课将结合“教学评一体化”教学策略，以传统文化背景创设情境，改变传统的“灌输”模式，把课堂主动权还给学生，提高课堂效率，培养学生的生物学核心素养。

一、目标确定依据

（一）课程标准相关要求

描述心脏的结构和功能。

（二）教材分析

学生已经学习了第一节《流动的组织——血液》、第二节《血流的管道——血管》，已掌握了一定的血液循环系统的相关知识。本节课的重难点在于心脏的结构与功能，对于心脏的内部结构，不能直接展示课本插图让学生观察，而应通过将旧知识迁移到新知识上，一步步引导学生猜想心脏内部结构，并通过问题链引导学生构建心脏内部结构，再以模型直观展示。课本上的插图相对死板，结构名称又较为抽象，学生容易陷入死记硬背而又难以记忆的困境。教具模型能化抽象为直观，让学生清晰地观察各部分的结构和特点。此外，教师会将传统文化应用于课堂实际教学，渗透生命教育、诗词教育、感恩教育，从而增强学生对传统文化和生物学科的学习兴趣。

(三)教学策略

(1)教法："教学评"一体化教学法、问题链教学法。

(2)学法：自主探究法、合作学习法。

(四)学情分析

学生为初一年级学生，该阶段学生相对活泼好动，喜欢表现自己。他们正处于青春期，对人体结构的兴趣浓厚。本节课以学生为主体，突出学生的主体地位，让学生以小组合作的形式观察心脏的内部结构，并引导尝试阐述其功能，倡导学生在"做中学，学中乐"，从而重点培养学生的生物学核心素养。初中是学生树立正确人生观、价值观、世界观的重要时段，本节课结合传统诗词、经典故事进行人文教育，引导学生形成正确的人生观、价值观。

二、教学目标及重难点

(一)教学重难点

(1)重点：明确心脏内部心腔的结构。

(2)难点：推导心脏内心腔的结构。

(二)知识目标

(1)描述四个心腔的位置名称。

(2)概述房室瓣的功能。

(三)能力目标

提高知识迁移能力及逻辑思维能力。

(四)情感态度和价值观目标

(1)进一步强化生物体结构与功能相适应的生物学观点。

(2)培养生命观念、科学探究、理性思维等生物学核心素养。

(五)评价任务

(1)尝试猜想心脏内部结构，通过问题链方式，引导学生以旧知识联系新知识，猜想心脏内部结构，层层递进，从理论到实践；完成学案后，利用展台展示学生猜想的结构，再让学生互相评价，以达成检测目标。

(2)小组成员互相指认心脏结构模型中各结构名称并说出其功能，然后各小组选派代表上讲台展示，小组其他成员补充。此过程有助于培养学生"结构与功能相适应"的生命观念。

三、教学流程

学习环节	学习目标	教师活动	学生活动	学习评价	设计意图
环节一：课前小活动	渗透人文教育明确心脏的位置	提供关于“心”的古诗词 播放心脏跳动的声音 引导学生找到心脏的位置	鉴赏与“心”相关的古诗，体会古代诗人 听一听：感受心脏跳动的声音 摸一摸：感受心脏的位置	学生能体会到古代诗人不同的“心”——立志报国的心、思亲思友的心、爱护自然的心、不随波逐流的心等。 学生能明确说出心脏的位置	渗透传统文化教育，强调“心”的重要地位，激发学生的学习兴趣，引发学生对心脏结构的思考。
环节二：观察心脏的外观	培养生物学核心素养——生命观念。指出心脏的结构应与其功能相适应。	展示心脏图片，提出问题：心脏壁主要是由什么组织构成的？请推测它具有什么功能？	观察心脏的外观结构。 学生回答：肌肉组织。功能：收缩和舒张。心脏的跳动为血液运输提供动力。	能够推测心脏的功能	培养生物学核心素养——生命观念。指出心脏的结构与其功能是相适应的。
环节三：联系血液、血管等相关知识，引出新知识，探究心脏内部结构。	说出三种血管的定义，能够画出血液在心脏和血管中的流动方向示意图。	提出问题： (1)运送血液的通道是哪里？ (2)动脉、毛细血管、静脉的定义。 (3)以心脏为载体，血液在动脉→毛细血管→静脉中流动并形成了闭合回路，同学们能不能用图示的方法将血液在心脏和血管中的流动方向表示出来？	回答问题：动脉、毛细血管、静脉 猜测心脏血液流动方向。完成学案任务一。	能够回忆动脉、毛细血管、静脉的定义，猜测心脏血液流动的方向。	以旧知识联系新知识，主动建构知识框架并激发学生尝试猜想心脏内部结构的探究意识。

续表

学习环节	学习目标	教师活动	学生活动	学习评价	设计意图
环节四：完成滴管小实验。挤玉滴斗，模拟心脏跳动的情景，你发现了什么现象？	能够推断心脏内部结构是一个空腔。	引导学生小组合作，进行挤压滴斗实验	小组合作，进行挤压滴斗实验 学生发现以下现象： (1)“血液”出现倒流。 (2)“血液”流不动。 (3)“血液”从两个出口无序流出。	小组合作。 进行自评和他评，猜测心脏内部结构。	根据血液流动方向，学生自主猜测心脏的内部结构。
环节五：根据呼吸系统知识、血液流动等相关知识，进一步探讨心脏内部结构。	一步步引导学生理解心脏内部不仅存在一个腔，而是至少存在两个腔，并连接四类血管。	引导学生画出血液流动的方向。 引导学生分析心脏的内部结构。	完成学案。推测心脏内部结构，发现心脏内部结构不仅存在一个腔，而是至少是两个腔。	学生能够阐述心脏内部结构中存在四个腔室，并连接四类血管。	培养学生的理性思维和科学探究意识。 推测心脏内部结构。
环节六：小组合作比赛，看谁找出的结构最多。	能够明确四个腔室的名称：左心房、左心室、右心房、右心室。连接四类血管：主动脉、肺动脉、肺静脉、上下腔静脉，并知道心脏瓣膜的存在。	观看心脏内部模型，引导学生说出心脏内部结构的名称，并能够描述其功能。	学生小组合作，共同观察心脏结构模型，学生能够指出心脏内部各种结构，并描述其功能。	小组合作竞争，并开展学生自评价、小组内部成员评价、其他小组成员进行评价。 共同明确心脏结构与功能。	培养生物学核心素养：生命观念。
环节七：学生明确心脏工作原理。	理解心脏的工作原理。	播放心脏工作过程的动态图片。	学生自主总结心脏的工作原理。	学生自主回答，他人评价，明确心脏的工作原理。	学生自主总结心脏的工作原理。
环节八：树立生命意识。	爱护我们的“心”，爱护生命，同时也要有所担当。	展出“岳母刺字”“良医治心”的故事	学生感悟故事中的道理。	学生要树立自己的奋斗目标，保持乐观向上的心态。	引导学生增强社会责任意识。
环节九：典型例题检测与评价。	对重点知识的落实与检测。	提出问题，引导学生互助，解答问题。	思考及回答问题，尝试指出在解答问题的过程中出现的错误。	自评与他评相结合，检测学生对所学知识掌握程度。	学生能够掌握本课的知识，形成良好的学习氛围。

四、作业设计

(1)尝试总结体循环、肺循环途径。

(2)结合所学的知识，创作关于“心”的诗词。

通过本节课的设计以及各个环节的推动，学生已经具备了能够自主尝试解决问题的能力。重点提高知识迁移能力及逻辑思维能力，学生的生物学核心素养得到培养。

五、板书设计(见图3-35)

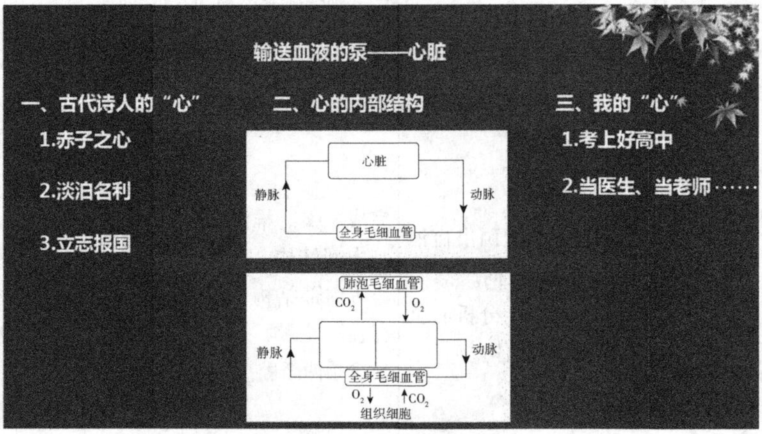

图3-35 “输送血液的泵——心脏”教学设计

六、教学评价

本节课以传统文化创设情境，将古诗融入生物学教学，渗透人文教育。借助传统文化中的优美诗句，激发学生的学习兴趣，优化生物学教学。教学过程中重视评价方式的多样化和评价角度的多维化，重视学生自评和他评的结合，培养学生成为评价的主体，主动参与评价的过程，成为学习的主动建构者。同时，教学设计在充分把握教学内容与知识之间的内在逻辑性和学生认知规律的基础上，以“对话”驱动教学，发挥学生的主体地位，真正做到了“做中学”，既强调了教学重点，突破了教学难点，又体现了生物学科核心素养。本节课的教学重在思辨、重组、试错、容错，锻炼学生的创造性思维、审判思维及动手能力，并将中学生核心素养融入课堂，使每个学生都有所收获。

七、教学反思

本节课的知识内容多、教学任务重。心脏结构和血液循环路径复杂，对初学者来说有一定的难度。教师利用模型、图表、视频、实物等教学资源，安排了多种多样的活动，引导学生自主学习、主动探索，并开展自评与互评，形成“教学评”一体化模式，让学习真正发生在课堂。教学过程比较考验教师的组织能力，对于不同学情的班级，在引导过程中，教师需要适时将问题进一步分解，以便学生更好地理解，从而达到教学目标。教师应主动加强自身文化修养，要将传统文化知识传授给学生，自己首先需要有一定的知识储备。教师应以多种方式渗透传统文化教育。通过本节课教学实践，教师发现学生对学习内容充满了兴趣，学生感到“做中学”的乐趣，同时培养了“社会责任”意识，渗透了“生命教育”，有效培养了学生的生物学核心素养。

教学设计6：《诗词中的生物学：生物的生殖和发育复习课》

一、教学目标

(1)知识与技能：①描述植物的有性生殖，②列举常见的无性生殖方式，③举例说明昆虫的生殖和发育过程，④描述两栖类的生殖和发育过程，⑤描述鸟类生殖和发育过程。

(2)过程与方法：提高学生梳理知识、运用于生活实际的能力。

(3)情感态度与价值观：关注生物的生殖发育与环境的相互关系，培养学生对生物学的热爱之情，并通过将生物学知识和传统文化、古诗词的情境融合，提高学生的审美情趣，提升学生的文化自信和民族认同感。

二、教学重难点

(1)生物的生殖和发育方式的比较。

(2)生物的生殖发育与环境之间的关系。

三、设计思路

根据教育部提出的中国学生发展核心素养，教师一直在反思教学方法并摸索如何将核心素养的培养融入生物课堂。在之前的教学实践中，我们更关注科学思维的培养，在人文底蕴和责任担当方面涉及得比较少。近几年的诗词大会、汉字英雄等节目给了教师启发——在课堂上引入古诗词，不仅能培养学生的人文情怀，更能提高学生对传统文化的认同，同时，这种跨学科的尝试，能较好地吸引学生的注意力，让学生更快地进入课堂学习情境。

在复习方法的设计上，采用了“梳-理-用”的模式，将内容分为植物生殖和动物生殖两个版块，首先带领学生“梳”：回顾已学的基础概念和知识，然后让学生“理”：采用核心概念比较、小组讨论等方法深化对知识的理解，最后是“用”：用生物学知识解决实际问题。同时，在课堂上穿插互评和自评，营造积极思考的课堂氛围。希望学生能将分散的知识点连贯起来，深入思考其中的内在关联，形成更完整、科学的生物学知识体系。

四、教学方法

讲解提问、合作学习、讨论总结、自我评价。

五、教学课时

1课时。

六、教具准备

多媒体课件、小组学习单、自评检测单。

七、教学过程

<table>
<tr><th rowspan="2">教学内容</th><th colspan="2">教学过程</th><th rowspan="2">设计意图</th></tr>
<tr><th>教师活动</th><th>学生活动</th></tr>
<tr>
<td>引入与导航</td>
<td>青青园中葵，朝露待日晞
阳春布德泽，万物生光辉
芳菲的四月，如诗如画，老师很高兴和同学们一起在生物学的知识海洋中遨游。看到你们，我想到了“江山代有人才出”；看到你们，我想到了“天生我材必有用”；看到你们，我想到了“长江后浪推前浪”。我知道，在同学们中，藏着很多“诗词达人”和“科学达人”，接下来就让我们举行一场生物学版的诗词大会：诵出含有生物的古诗词，开始！
同学们果然都是高手，老师也来加入。来，老师出上句，你们对下句：
“离离原上草，______”。
“春种一粒粟，______”。
“日出江花红胜火，______”。
“穿花蛱蝶深深见，______”。
“几处早莺争暖树，______”。
我们透过这些经典诗词，看到了生命的鲜活。生物个体的寿命是有限的，生物种群是怎样延续至今的呢？答案就在诗词中。
生物的生殖和发育是生物的基本特征之一，通过生殖和发育，生命在生物圈中世代相续，生生不息。那么这节课，就让我们一起来复习“生物的生殖和发育”。
（板书课题：生物的生殖和发育）
老师梳理了本节知识点近三年的会考情况，接下来就按照这个框架来开展复习（见图3-36）。
<table>
<tr><th rowspan="2">主题</th><th rowspan="2">知识点</th><th rowspan="2">要求</th><th>2018年</th><th>2019年</th><th>2020年</th></tr>
<tr><th>题型，题号</th><th>题型，题号</th><th>题型，题号</th></tr>
<tr><td rowspan="4">生物的生殖和发育</td><td>植物的生殖</td><td>掌握</td><td>双选，76</td><td>单选，21</td><td>单选，16
单选，19</td></tr>
<tr><td>昆虫的生殖和发育</td><td>掌握</td><td></td><td></td><td></td></tr>
<tr><td>两栖动物的生殖和发育</td><td>掌握</td><td></td><td></td><td>单选，22</td></tr>
<tr><td>鸟的生殖和发育</td><td>掌握</td><td></td><td>单选，20</td><td></td></tr>
</table>
图3-36　会考情况梳理</td>
<td>学生根据要求开展“飞花令”。
学生齐诵下句：
“一岁一枯荣”。
“秋收万颗籽”。
“春来江水绿如蓝”。
“点水蜻蜓款款飞”。
“谁家新燕啄春泥”。
学生回答：繁殖后代。</td>
<td>用学生已有的诗词知识，调动学生的积极性，快速吸引学生的注意力、提高参与度，进而引出本节课的主题。
梳理课程标准要求并结合近三年会考考点，有的放矢地开展复习。</td>
</tr>
</table>

续表

教学内容	教学过程		设计意图
	教师活动	学生活动	
一、植物的生殖和发育	说起生殖和发育，老师想起这样两句诗： 有心栽花花不发，无心插柳柳成荫。 梨花淡白柳深青，柳絮飞时花满城。 这两句诗都是描述柳的生殖，但描述的是不同的生殖方式，分别是________？	学生回答：“无心插柳柳成荫”是无性生殖，“柳絮飞时花满城”是有性生殖。	用描述同种植物的不同生殖方式的两句诗词引出植物生殖的主题。
梳：知识回顾：植物的无性生殖	请同学们回顾已学知识，列举植物无性生殖的类型。	学生列举植物的无性生殖类型。	
	好，我们一起来梳理一下植物的无性生殖：“西湖春色归，春水绿于染”，春天湖水变绿是因为________？	学生回答：藻类大量繁殖。	带领学生“梳”已有知识，学会整理零散的知识。
	（图示微圆星鼓藻的分裂）。 这些单细胞藻类的生殖方式是________？	学生回答：分裂生殖。	
	“放箸朝来颇不贫，野盘春蕨正宜人”。蕨类是广东常见植物，我们可以在蕨类叶片的背面看到孢子囊，所以蕨类植物的生殖方式是________？	学生回答：孢子生殖。	
	还有一些植物可以用根茎叶繁殖后代，同学们能举一些例子吗？ （图示红薯、马铃薯的块茎、竹鞭、椒草、等，并引导学生回答）	学生回答。	
	这些能够用根茎叶这些营养器官进行的生殖方式称为________？	学生回答：营养生殖。	
	我们还能将植物的无性生殖应用在植物的栽培上，如剪取一段枝条生根后形成新植株（展示扦插示意图）的方法称为________？	学生回答：扦插。	
	还可以将植物的芽或枝嫁接在另一株植物上（展示嫁接示意图）的方法称为________？	学生回答：嫁接。	
	嫁接成功的关键是________？	学生回答：形成层紧密结合。	
	将植物的整个枝条压埋于土壤中生根（展示压条示意图）的方法是________？	学生回答：压条。	

续表

<table>
<tr><th rowspan="2">教学内容</th><th colspan="2">教 学 过 程</th><th rowspan="2">设计意图</th></tr>
<tr><th>教 师 活 动</th><th>学 生 活 动</th></tr>
<tr>
<td>植物的有性生殖

理：

尝试比较两种生殖方式的异同

用：

小组活动1：设计繁育方案</td>
<td>将从生的植物分离开(展示分丛示意图)的方法是______？
随着科技的进步我们甚至可以用植物的组织或细胞培育植株(展示分丛示意图)称为______？
组织培养要在什么样的条件下进行______？
那么还有一些植物能够开花结果，用种子繁殖，这种生殖方式称为________？
同学们能否描述出植物有性生殖的过程？
(展示植物有性生殖过程的思维导图)
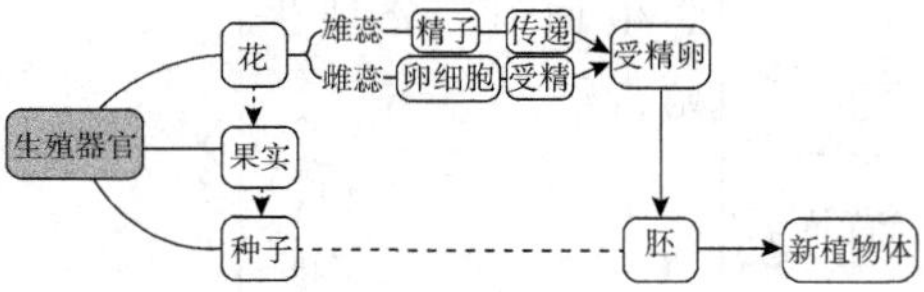

图 3-37　植物的有性生殖

请同学们思考：有性生殖和无性生殖有哪些相同点和不同点？
<table>
<tr><th></th><th>无性生殖</th><th>有性生殖</th></tr>
<tr><td>新个体的产生</td><td>√</td><td>√</td></tr>
<tr><td>两性生殖细胞的融合</td><td>X</td><td>√</td></tr>
<tr><td>繁殖速度</td><td>快</td><td>慢</td></tr>
<tr><td>后代的变异性</td><td>小</td><td>大</td></tr>
</table>
图 3-38　对比无性生殖与有性生殖

在我们广东，有一种很有名的水果，好吃到什么程度呢？有诗云：“一骑红尘妃子笑。”</td>
<td>学生回答：分丛或分株。

学生回答：组织培养，无菌条件。

学生回答：有性生殖。

学生尝试描述。

学生从不同方面比较两种生殖方式的异同。

学生回答：“无人知是荔枝来。”</td>
<td>通过比较来深入理解两种生殖方式的特点。

以地域性特点明显的水果为例，培养学生根据真实情境解决问题的能力。</td>
</tr>
</table>

续表

<table>
<tr><th rowspan="2">教学内容</th><th colspan="2">教　学　过　程</th><th rowspan="2">设计意图</th></tr>
<tr><th>教 师 活 动</th><th>学 生 活 动</th></tr>
<tr><td></td><td>现“深圳桂味荔枝园”已经营二十余年，现有品种口感好，在当地具有良好的口碑，但部分果树树龄偏大，且果园品种单一，无法满足市场对数量和品种的需求，现向各位园林专家求助，请大家帮助他们设计合理的繁育方法(见图 3-39)。
<table>
<tr><td>本组专家选用的繁育方法是：</td><td>1. 杂交育种后播种育苗　(　　)
2. 高空圈枝(压条)　(　　)
3. 嫁接繁殖　(　　)
4. 组织培养　(　　)
5. 其他：__________</td></tr>
<tr><td>此种繁育方法的优势(简述)：</td><td></td></tr>
</table>
图 3-39　繁育方法

(对学生的设计进行展示和点评)。
每种繁育方式都各有特点，要根据实际情况综合分析，选择最合适的方法。</td><td>小组活动：讨论并完成繁育方案，须陈述理由

小组互评：各小组对展示小组的方案表决“同意”或“反对”，并阐述理由。</td><td></td></tr>
<tr><td>二、动物的生殖和发育

梳：回顾人的生殖发育过程</td><td>有性生殖和无性生殖各有特点，人类是哪种生殖方式呢?
我们一起来回顾一下人的生殖发育过程(见图 3-40)。
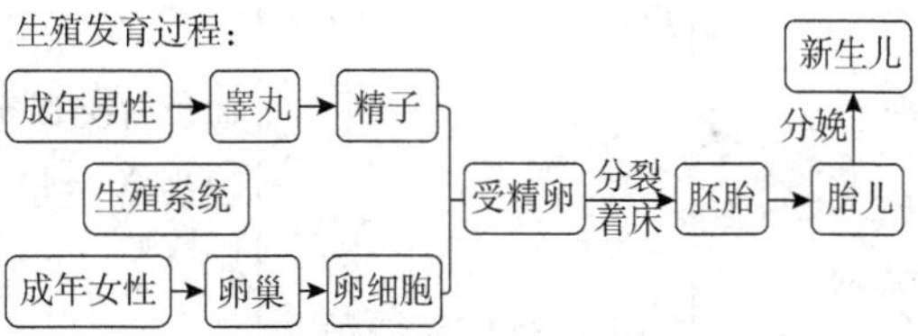

图 3-40　生殖发育过程</td><td>学生回答：有性生殖。

学生和老师一起回顾人的生殖发育过程。</td><td>以人的生殖发育为例“梳”理生殖发育特点，引出动物的生殖和发育的复习。</td></tr>
</table>

续表

<table>
<tr><th rowspan="2">教学内容</th><th colspan="2">教 学 过 程</th><th rowspan="2">设计意图</th></tr>
<tr><th>教 师 活 动</th><th>学 生 活 动</th></tr>
<tr>
<td>理：小组活动2：

比较不同动物的生殖发育特点</td>
<td>受精卵形成的位置在________。
体内还是体外________。
所以人的受精方式是________。
胚胎在哪里发育________。
人的生殖方式是卵生还是胎生________。
其他动物的生殖发育方式都和人一样吗________。
我们到诗词中去找答案：
“春蚕到死丝方尽，蜡炬成灰泪始干”，“死”描述的是蚕的哪个发育阶段________。
“飞蝗敝空日无色，野老田中泪垂血”，诗句中的飞蝗描述的是蝗虫的哪个发育阶段________。
“黄梅时节家家雨，青草池塘处处蛙”，青蛙在春天鸣叫的原因是________。
“须臾十来往，犹恐巢中饥”描述的是鸟的什么行为________。
通过这些诗句，我们发现动物的生殖各有特点，现在就请同学们以小组为单位，先分工梳理几种动物生殖和发育的过程，再合作完成动物生殖发育特点的对比图示(见图3-41)。
<table>
<tr><th colspan="2">生物种类</th><th>生殖方式</th><th>受精方式</th><th>发育方式</th></tr>
<tr><td rowspan="2">昆虫</td><td>家蚕</td><td></td><td></td><td></td></tr>
<tr><td>蝗虫</td><td></td><td></td><td></td></tr>
<tr><td colspan="2">两栖动物</td><td></td><td></td><td></td></tr>
<tr><td colspan="2">鸟类</td><td></td><td></td><td></td></tr>
<tr><td colspan="2">哺乳类</td><td></td><td></td><td></td></tr>
</table>
图3-41　不同种类动物生殖发育特点对比</td>
<td>学生回答：输卵管。
学生回答：体内。
学生回答：体内受精。
学生回答：子宫。
学生回答：胎生。
学生回答：不一样。
学生回答：蛹期。
学生回答：成虫。
学生回答：吸引雌蛙。
学生回答：育雏。
学生小组活动，先分工，再合作，比较不同动物的生殖发育特点。
小组进行作品展示并阐述。</td>
<td>小组学习：先“分”后“合”，独立学习和讨论学习相结合，通过比较来梳理动物生殖发育特点。
在展示过程中，通过自评和他评修正答案，并通过自主思考，得出正确答案。
通过解决真实问题，提高学生学习获得感。</td>
</tr>
</table>

续表

教学内容	教学过程		设计意图
	教师活动	学生活动	
用： 学以致用，知识抢答	（抽取若干小组进行作品展示并阐述） 除了生殖方式、受精方式和发育方式的不同，老师再给大家分享一些资料，请同学们尝试分析，为什么不同的动物类群后代数量差距如此之大？各小组在2分钟的时间内完成讨论并推举一人陈述观点（教师引导学生分析生物生殖特点和环境的关系）。 根据各个小组的观点综合来看，我们都认同：各种生物生殖发育的特点，是长期自然选择的结果。 好，接下来我们检验复习效果，进行知识抢答。请大家先阅读题目，老师说开始后，再举手抢答： 第一题："新丝绸之路经济带"和"21世纪海上丝绸之路"能有效促进我国经济繁荣发展。如果你是养蚕人，为提高家蚕蚕丝的产量，应考虑适当延长哪个发育阶段？ 第二题：2020年春天，中东不少国家遭遇了25年来最严重的蝗灾。你认为最佳的灭蝗时期是哪个发育阶段？ 第三题：在用鸡蛋孵化小鸡时，有经验的人常常会用书或纸卷成一个纸筒以观察鸡蛋里面是否有小黑点，没有小黑点的鸡蛋不能孵化成小鸡。能否用生物学知识解释其中的原理？	小组进行观点阐述。 学生抢答：幼虫期。其他组举牌"同意"或"反对"。 学生抢答：幼虫期。其他组举牌"同意"或"反对"。 学生抢答：小黑点是胚盘。 其他组举牌表示"同意"或"反对"。	
课堂小结	我们一起复习了生物的生殖和发育的相关内容——对无性生殖、有性生殖两种生殖方式进行了比较，对昆虫、两栖动物、鸟类的生殖过程、发育方式进行了梳理。 同学们，在这堂课里，我们不仅领略了文化之美、诗词之美，我们还一起感受了生命之美、科学之美，希望同学们既有"采菊东篱下，悠然见南山"的怡然自得，也有"鹰击长空，鱼翔浅底，万类霜天竞自由"的豪情壮志，"恰同学少年，风华正茂；书生意气，挥斥方遒！"	学生：和老师一起用关键词进行课堂小结。	回顾本节课的所有内容，对于整节课的知识点形成较为完整的认识。

续表

<table>
<tr><td rowspan="2">教学内容</td><td colspan="2">教 学 过 程</td><td rowspan="2">设计意图</td></tr>
<tr><td>教 师 活 动</td><td>学 生 活 动</td></tr>
<tr><td>自评自测</td><td>
<table>
<tr><td rowspan="2">学习目标</td><td colspan="3">学习效果(相应位置打✓)</td></tr>
<tr><td>熟练掌握</td><td>基本掌握</td><td>未掌握</td></tr>
<tr><td>列举常见的无性生殖方式</td><td></td><td></td><td></td></tr>
<tr><td>描述植物的有性生殖</td><td></td><td></td><td></td></tr>
<tr><td>举例说出昆虫的生殖和发育过程</td><td></td><td></td><td></td></tr>
<tr><td>描述两栖动物的生殖和发育过程</td><td></td><td></td><td></td></tr>
<tr><td>描述鸟的生殖和发育过程</td><td></td><td></td><td></td></tr>
</table>
图 3-42 课堂学习效果自评</td><td>完成自评和练习。</td><td>通过自评来检测学习效果。</td></tr>
<tr><td>板书设计</td><td colspan="3">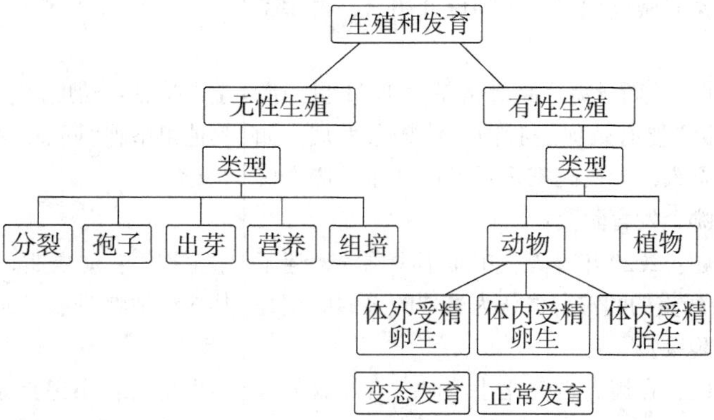

图 3-43 “生殖和发育”板书设计</td></tr>
</table>

八、学生自评自测

专题复习：生物的生殖和发育

(一)课堂学习效果自评

学 习 目 标	学习效果(相应位置打✓)		
	熟练掌握	基本掌握	未掌握
列举常见的无性生殖方式			
描述植物的有性生殖方式			

续表

学习目标	学习效果(相应位置打✓)		
	熟练掌握	基本掌握	未掌握
描绘昆虫的生殖和发育过程			
描述两栖动物的生殖和发育过程			
描述鸟的生殖和发育过程			

(二)课堂练习

1. 下列关于有性生殖和无性生殖的说法中，不正确的是(　　)

A. 试管婴儿技术通过有性生殖实现　　B. 进行无性生殖的植物不能产生生殖细胞

C. 马铃薯块茎繁殖属于无性生殖　　D. 草莓匍匐茎上长出新个体属于无性繁殖

2. 嫁接成活的关键(　　)

A. 选择好的接穗　　B. 选用健壮的砧木

C. 使接穗和砧木的形成层紧密结合　　D. 嫁接后及时浇水

3. 家蚕的受精和发育方式为(　　)

A. 体内受精，不完全变态发育　　B. 体外受精，不完全变态发育

C. 体内受精，完全变态发育　　D. 体外受精，完全变态发育

4. 蝗虫的发育不需要经过的阶段是(　　)

A. 卵　　B. 幼虫　　C. 成虫　　D. 蛹

5. 青蛙的发育过程依次要经历的阶段是(　　)

A. 受精卵→幼蛙→成蛙　　B. 受精卵→幼蛙→蝌蚪→成蛙

C. 受精卵→幼蛙→休眠体→成蛙　　D. 受精卵→蝌蚪→幼蛙→成蛙

6. 分析下列与生殖发育有关的示意图，请回答问题：

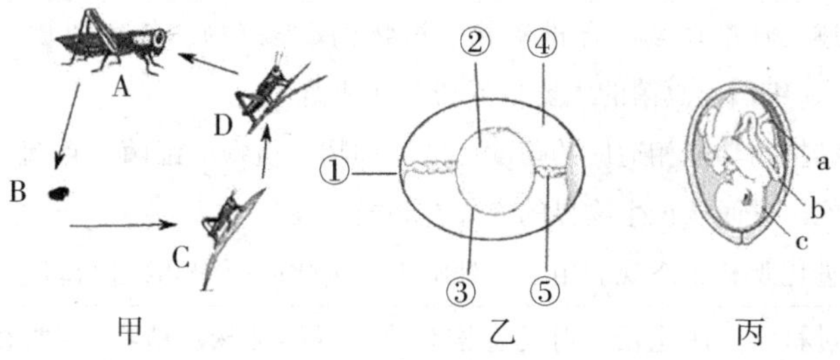

甲　　乙　　丙

(1)图中生物个体发育的起点都是__________。在甲图中，幼体与成体的形态结构和生活习性差异不大，这种发育过程为__________。不同昆虫的个体发育都有自己的

特点，这是经过长期的__________形成的。

(2)乙、丙两图所示结构反映了两种生殖方式，分别是__________和__________，后者极大地提高了后代的成活率。

九、教学反思

本节复习课以学生熟悉的诗词来开场，迅速将学生引入课堂情境，较好地落实了优秀传统文化的渗透。

在复习内容上，除了高效地将已有知识梳理清楚，还通过小组学习、深度思考等方式引导学生对生物的生殖和发育形成概念、掌握方法、认识规律，进而理解“生物生殖发育的特点都是自然选择的结果”的科学观念。

在传统的“梳”和“理”的基础上，问题的设计和选择更倾向于解决“用”，学习的知识与生活生产实际紧密联系，从而极大地激发了学生的兴趣，热烈的讨论使思考不断深入。但本节课在设计上关于植物的有性生殖中花果对应的部分不够深入，还应留给学生更多的自主学习时间。

教学设计7:《生物的多样性》

一、单元设计意图

本单元是一个为复习设计的重构单元，将生物的主要类群以及生物保护的意义合并为一个大单元，这样设计有利于基础知识的整合与理解、大概念的构建与内化，以及学生综合素养的提升。大概念是处于学科中心位置，对学生学习具有引领作用的基础知识，包括对原理、理论等的理解和解释，是生物课程学习的中心、重心及核心。

二、单元复习目标

核心素养	单元学习目标
生命观念	(1)概述无脊椎动物、脊椎动物、植物(藻类植物、苔藓植物、蕨类植物、种子植物)、细菌、真菌的主要特征和常见种类。 (2)从结构与功能相适应的角度，概述动物、植物、细菌、真菌的主要特征及其生理功能，进而认识生物界的多样性和统一性。 (3)从进化观和生态观的角度，理解生物进化的历程和物种起源。
科学思维	(1)通过科学方法比较，对无脊椎动物、脊椎动物、植物(藻类植物、苔藓植物、蕨类植物、种子植物)、细菌、真菌的主要特征进行比较分析。 (2)通过观看不同生物的图片并尝试总结其特征，再对生物进行分类。 (3)通过生物分类规律分析，对生物进化的总体趋势进行归纳总结。

续表

核心素养	单元学习目标
探究实践	在动物园研学过程中主动发现和提出问题“动物园中是否有微生物”，并通过实验探究进行解决。
态度责任	(1)关注我国特有的珍稀动植物，阐述保护生物多样性的意义。 (2)关注生物与人类的关系，认同生物多样性对维持生态平衡的重要性。 (3)积极参与践行保护生物多样性的活动，立志成为美丽中国的建设者。

三、单元设计思路

(1)单元主题：生物的多样性。

(2)单元情境：探秘动物园生物。

(3)情境主线：播放动物园游览视频，展示各种动物图片→植物挂牌活动→动物园闭园原因调查。

(4)活动主线：学生从多角度对动物进行分类并制表→学生根据植物特征给植物挂牌并进行微生物探究实验。

四、单元主题概念图

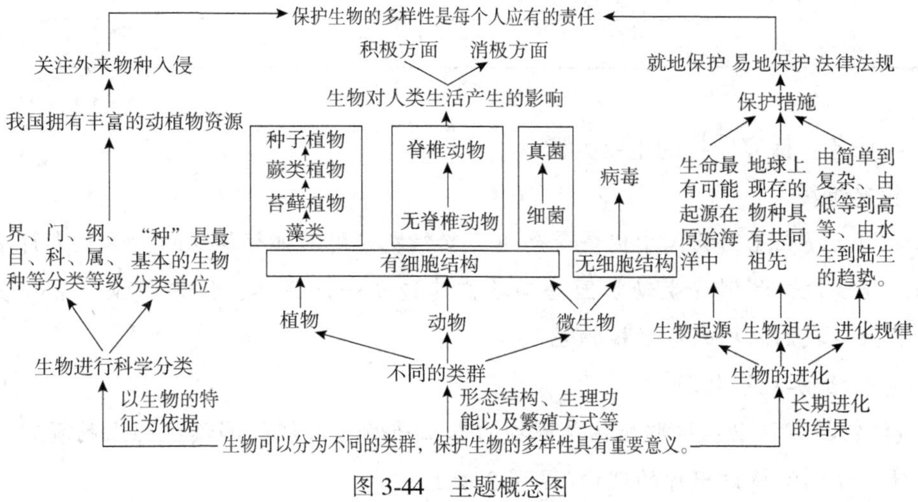

图 3-44　主题概念图

五、教学过程

(一)任务：探究复习动物的主要类群、无脊椎动物和有脊椎动物的主要特征和常见生物。

1. 构建情境

甲同学说：“我认为水母、鳄鱼、袋鼠是无脊椎动物。”

乙同学说："我认为天鹅、火烈鸟、海豚是恒温动物。"

丙同学说："我认为熊猫、蛙、鳄鱼都是用肺呼吸的生物。"

2. 学生活动-问题思考

(1)上述材料中，哪位同学的说法正确？

(2)小组比拼游戏：展示火烈鸟、水母、鳄鱼、海豚、袋鼠、斑马、黑天鹅、蛙、熊猫的图片。

图片中的动物能分成几类？哪个小组分的种类最多？

(请从动物的有无脊柱、呼吸、运动、对称性等主要特征进行分析)。

(3)总结规律：动物主要类群特征的比较。

比较项目	动物的类群
有无脊椎	
是否恒温	
呼吸器官变化	
依赖水环境	
是否分节	
有无肛门	
对称方式	

(二)任务：探究植物的主要类群

1. 构建情境

同学们沉浸在了动物园中优美景色中，忽然发现周围郁郁葱葱的树林里有许多熟悉的植物。馆长说，深圳野生动物园给动物们建造了一座森林，园内种植了230多种植物，还有很多我们深圳的保护植物呢。

2. 学生活动-观察判断

(1)植物挂牌活动：这些植物是深圳的本土植物。请仔细阅读挂牌上的资料，它们都属于什么植物？请说出你的理由(见图3-45)。

(2)总结规律：①结构由简单到复杂(从六大器官进化角度思考)，②环境由水生到陆生(从生活环境进化角度思考)。

(三)任务：探究微生物的主要类群

1. 构建情境

前几年动物园曾因黑天鹅染上禽流感而闭园消杀。馆长现场提问：动物园内的空气中有细菌和真菌吗？

图 3-45　植物挂牌

2. 学生活动-实验探究

(1)动物园的空气中有细菌和真菌吗?

	A	B	C
第一步	在三个培养皿中配制好相同的培养基，并分别标上 A、B、C。		
第二步	将所有培养基进行_________处理。		
第三步	A 组培养皿放在海洋天地，打开盖子 10 分钟。	B 组培养皿放在孔雀园，打开盖子 10 分钟。	C 组培养皿不作任何处理。
第四步	将所有培养皿放于 30℃的恒温培养箱中培养。		
第五步	观察实验结果(菌落情况、菌落数目)，并进行记录。		

①A、B、C 三组实验中，作为对照组的是__________。

②第二步将所有培养基进行__________处理，其目的是杀死培养基中原有细菌和真菌，防止杂菌污染。

③第三步将 A、B 组培养皿打开盖子 10 分钟，相当于细菌、真菌培养方法中的哪个步骤__________。

④观察实验现象，发现 A、B 两个培养基上的有些菌落较小且表面粗糙干燥，可判断这是__________菌落。

⑤细菌和真菌的生存需要一定的条件，如水分、适宜的温度、__________等。

⑥观察实验结果，并思考下列问题：空气中是否存在微生物？培养基中出现的是单个微生物吗？③细菌、真菌的菌落有不同吗？

(2)微生物一般个体微小(见图 3-46)，绝大多数需要借助显微镜才能观察到。下列微生物的结构有什么异同吗？它们是真核生物还是原核生物？它们都属于细菌和真菌吗？

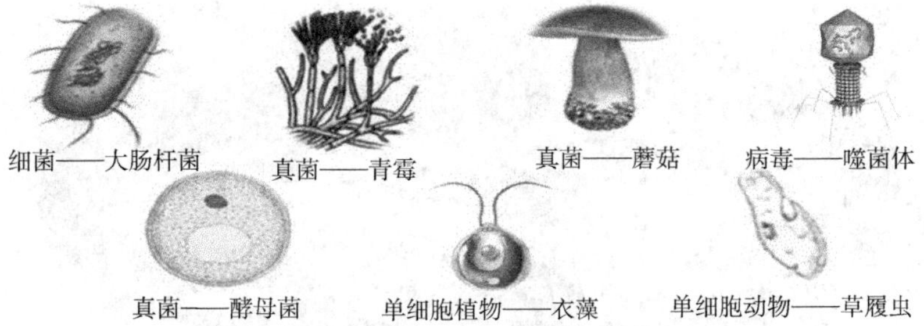

图 3-46　微生物

(3) 总结规律

分类规律：根据生物的__________、__________、__________等，可以将生物分为不同的类群。

(四) 任务：生物与人类的关系

1. 构建情境

动物园也是美食的集聚地，马戏餐厅、天鹅餐厅、海洋餐厅、猿猴餐厅的美食让同学们垂涎欲滴。生物与人类的生活有哪些关系呢？

2. 学生活动-头脑风暴

请举例说明动植物和微生物类群可能对人类生活产生的积极和消极的影响。

(五) 任务：保护生物多样性

1. 构建情境

在 2021 年联合国《生物多样性公约》缔约方大会第十五次会议上，习近平总书记指出："万物各得其和以生，各得其养以成。"

图 3-47　大会会标

大会会标 (见图 3-47) 中间的"水滴"包含大熊猫、孔雀、鱼、蝴蝶和身着民族服饰的小女孩等元素，并以甲骨文作背景，反映了生物多样性和文化多样性。

2. 学生活动-畅所欲言

作为中学生，我们在保护生物多样性方面可以做些什么呢？

六、学习评价

序号	核心概念	掌握情况(在相应的框内打✓)		
		熟练掌握	基本掌握	未掌握
1	根据生物的形态结构、生理功能以及繁殖方式等，可以将生物分为不同的类群。			
2	藻类是能够进行光合作用的结构简单的生物。			
3	从苔藓植物到蕨类植物，再到种子植物，逐渐出现了根、茎、叶等器官的分化，繁殖过程也逐渐摆脱了对水环境的限制。			
4	无脊椎动物(腔肠动物、扁形动物、线虫动物、环节动物、软体动物、节肢动物)的主要特征。			
5	脊椎动物(鱼类、两栖类、爬行类、鸟类、哺乳类)的主要特征。			
6	微生物一般是指个体微小、结构简单的生物，主要包括病毒、细菌和真菌等。			
7	病毒无细胞结构，需要在活细胞内完成增殖。			
8	细菌是单细胞生物，无成型的细胞核。			
9	真菌是单细胞或多细胞生物，有成型的细胞核。			
10	我国拥有丰富的动植物资源，保护生物多样性是每个人应有的责任。			

我解决的问题：____；

我还存在的问题：____。

七、当堂检测

1. 中华白海豚是鲸目·海豚科·白海豚属·中华白海豚种；虎鲸是鲸目·海豚科·虎鲸属·虎鲸；座头鲸是鲸目·须鲸科·座头鲸属·座头鲸。下列相关叙述中错误的是(　　)

A. “种”是最基本的分类单位　B. 三种生物中，虎鲸和座头鲸的共同特征最多

C. 虎鲸和海豚同科不同属　　D. 形态结构和生活习性是动物分类的重要依据

2. 下列生物中属于真核生物的是(　　)

①真菌；②动物；③植物；④细菌；⑤病毒

A. ①③④　　B. ③④⑤　　C. ①②③　　D. ①②④

3. 甲、乙两名同学对同几种动物进行了简单的分类，结果如表所示。他们的分类依据分别是(　　)

	类别	动物名称		类别	动物名称
甲	1	燕子、野兔	乙	1	燕子、青蛙、野兔、鱼
	2	蜜蜂、青蛙、蚯蚓、蜘蛛、鱼		2	蜜蜂、蚯蚓、蜘蛛

A. 甲的分类依据为是否水生、乙的分类依据为有无脊椎骨

B. 甲的分类依据为体温是否恒定、乙的分类依据为是否胎生

C. 甲的分类依据为体温是否恒定、乙的分类依据为有无脊椎骨

D. 甲的分类依据为是否胎生、乙的分类依据为是否用肺呼吸

4. 2021 年 10 月，联合国《生物多样性公约》缔约方大会第十五次会议第一阶段会议在昆明召开。了解和保护生物的多样性，需要对生物进行分类。下列说法中错误的是(　　)

A. 分类单位越小，所包含的生物种类越少，亲缘关系越近

B. 花、果实和种子的特征是被子植物分类的重要依据

C. 真菌菌体都是由许多细胞连接起来的菌丝构成

D. 在生物圈中，肉眼看不到的生物，我们称为微生物

5. 甲图是生物进化树，乙图是表示不同的地层，请根据下图来回答：

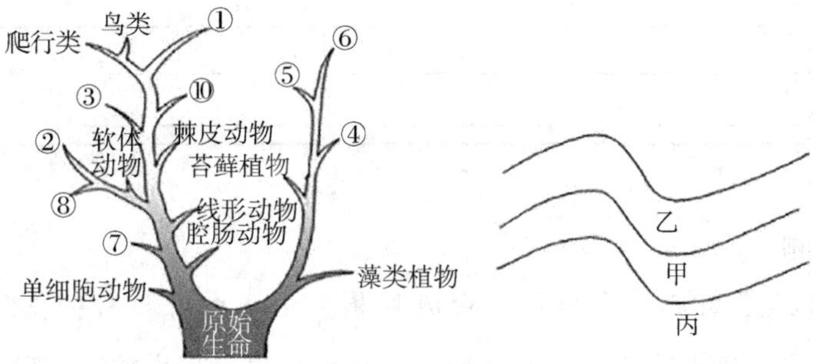

甲　　乙

(1) 甲图中⑩和①代表的动物类群分别是__________和__________。

(2) 甲图的进化树中最早成为真正陆生脊椎动物的类群是__________，其生殖发育过程脱离了________的限制；植株高大，最早出现输导组织的植物类群为________。

(3) 根据原始地球环境判断甲图中原始生命的呼吸方式应为__________(有氧或无

氧）呼吸，后来进化为原始藻类和原始单细胞动物的根本原因是________不同。

(4)________是研究生物进化的重要证据。某化石采集队在乙图的甲、乙、丙三个未受到破坏的地层内各挖掘到一些甲图中①②③类动物化石，若甲地层中发现的是③类生物的化石，那乙地层中最可能是________类动物化石。

(5)“进化树”揭示了生物进化的规律是：生物进化遵循从简单到复杂、________、从低等到高等的进化规律。

八、效果评价

(1)教学内容：注重知识点的归纳和概念的构建。

(2)教学过程：通过情境创设及利用任务驱动来完成单元学习。

(3)教学主体：以学生为主体，变被动为主动。

教学设计8：《生物的变异》

一、教学目标

(1)举例说明可遗传的变异和不可遗传的变异，并阐述引起两种变异的原因。(生命观念、科学思维)

(2)通过探究活动使学生在取样、测量、整理数据、绘图等方面得到训练，初步体验探究生物变异的方法，提高处理和分析数据的能力。(探究实践、科学思维)

(3)关注高科技给人类社会带来的影响，能例举出多种遗传育种的方法及其在生产中的应用。(生命观念、态度责任)

二、教学内容

(1)教学重点：举例说明可遗传的变异、不可遗传的变异及遗传育种在实践中的应用。

(2)教学难点：通过探究活动使学生在取样、测量、整理数据、绘图等方面得到训练，初步体验探究生物变异的方法，提高处理和分析数据的能力。

三、教学过程

(一)创设情境，感知概念

教师通过设问了解学生的前认知，进而引导学生理解生物的变异具有利与弊的两面性，并通过以中国工程院院士为原型创作的动画短片向学生展示更多变异现象在生产生活中的应用，从而构建“变异不是偶然的现象，它是普遍存在的”概念。

(设计意图：“变异的概念”属于已学过的知识，通过多个案例引导学生了解“变异”的利与弊，为后续学习做好铺垫。再利用中国工程院院士们取得多项成就的案例渗透爱国主义教育，激发学生的爱国情感。

续表

(二)问题驱动，构建概念

教师展示部分学生完成的家庭实验“探究花生果实大小的变异”视频，引导学生通过对比观察，共同总结实验过程中的注意事项，如需要随机选样、样本数量需合理、测量方式应尽可能地科学等，再和同学们一起梳理正确的实验操作流程。随后，结合数据图示，教师提出“不同品种的花生果实是否存在差异呢？这种差异可能是由什么因素决定的呢？相同品种的花生果实是否存在差异呢？这种差异又是由什么因素决定的呢？”等问题串，引导学生分析数据，构建概念。最后，师生共同总结：花生存在果实大小的变异，由遗传因素和环境因素共同决定。

教师继续发问，这两种变异是否都能遗传给下一代呢？引导学生结合已学知识来尝试分析，从而构建“可遗传的变异”和“不可遗传的变异”的概念，并通过“学习任务单”来巩固这两个概念。

(设计意图：借助家庭实验培养学生的自主探索能力，结合常见错误展示引导学生规范实验操作流程。展示实验结果折线图，引导学生联系已学知识，并回答教师提出的问题串，从而顺理成章地生成概念，在此过程中，培养学生的数据分析能力和归纳能力，发展学生的科学思维。)

(三)实例分析，延伸概念

(1)人工选择培育：展示李玉院士团队培育的“白木耳”，引导学生小组合作构建“白木耳培育过程图示”并绘制在“学习任务单”中。在小组展示成果后，教师及时补充和总结相关知识点，进一步引出“人工选择培育”的概念和原理。

(2)杂交育种：引导学生根据“高产抗倒伏小麦”培育过程图示，阐述“杂交育种”的过程，教师适时提出问题并对其概念构建进行补充，使得学生更好地理解“杂交育种”的概念和原理。

(3)诱变育种：学生通过阅读“科技快讯”，探究“诱变育种”需要的环境和原理。

(设计意图：通过不同方式引导学生了解人们应用遗传变异原理培育新品种的实例并提升学生的多项关键能力——绘制过程图示培养学生的动手能力，锻炼逻辑思维；看图并阐述过程培养学生的读图能力和表述能力；阅读资料并寻找答案培养学生的资料分析能力和总结能力。)

(四)情感渗透，责任担当

利用视频内容展示伟大成就背后的故事，引导学生珍惜今天的美好生活，同时呼吁他们好好学习，将知识转化为技术，为促进我国国民生活向新的台阶迈进而贡献力量。

(设计意图：渗透爱国主义思想和青少年的责任与担当，培养学生适应未来发展的正确价值观和必备品格，落实2022版义务教育生物学课程标准的指导思想。)

(五)总结巩固，拓展应用

师生借助思维导图共同总结并巩固所学内容，构建概念体系，形成知识网络。同时，教师通过调查作业进一步拓展应用概念：通过调查和查阅资料等方式，探究近视属于变异现象吗？父母的近视会不会遗传给后代？谈一谈如何保护视力健康，呼吁学生平时注意用眼健康。

(设计意图：联系生活，引导学生查阅资料、运用生物学知识解决真实情境下的问题，使学生认同生物学知识来源于生活并应服务于生活，落实学生的态度责任素养的培养。)

类型四：民俗文化类

教学设计 9：制作健康泡菜校本课程的实施

一、选题背景

(一)《义务教育课程方案(2022 版)》

《义务教育课程方案(2022 版)》“培养目标”中明确指出，要努力学习和弘扬社会主义先进文化、革命文化和中华优秀传统文化，理解和践行社会主义核心价值观，逐步领会改革创新的时代精神。明确把人生追求融入国家富强、民族复兴、人民幸福的伟大梦想之中。

本案例着重落实“学习和弘扬社会主义先进文化”的目标要求，将泡菜制作过程中蕴藏的智慧与体现的民俗文化融入生物学课程教学。

(二)中华优秀传统文化进中小学课程教材指南(2021 年印发)

1. 总体目标

中华优秀传统文化在中小学课程教材中的育人立意精准鲜明，布局安排系统完整，内容科学合理，呈现方式丰富生动。课程教材在厚植中华文化底蕴、涵养家国情怀、增强社会关爱、提升人格修养、铸牢中华民族共同体意识等方面的育人功能显著增强，学生文化自信更加坚定。

2. 生物学科具体要求

中华优秀传统文化是中华民族的文化根脉，是在中华民族长期发展过程中形成的、具有积极历史作用的、至今仍具有重要价值的、体现中华民族特点的观念、活动及行为习惯。它不仅包括自然科学学科，在相应思想观念指导下发展并形成的科学、技术等都应属于中华优秀传统文化的范畴。“泡菜饮食文化”显然是中华优秀传统文化的一大瑰宝。

二、主题概况

(一)主题来源

中国是一个具有数千年历史文化的文明古国，饮食文化是中华民族文化中不可或缺的部分，而泡菜则承载着我国食品加工业的历史发展轨迹，是值得我们珍惜传承的文化瑰宝。大约 3500 年前，百姓就通过泡制的方法对蔬菜进行保藏，发展至今，我们经常会吃到各种各样腌制的泡菜。湖南的酸萝卜老鸭汤、川渝的酸豆角肉末，还有东北的酸菜，猪肉酸菜炖粉条、酸菜汆白肉、渍酸菜、酸菜饺子……发酵的酸香让人回味无穷。

据《世界卫生组织国际癌症研究机构致癌物清单》显示，经常食用腌制食品容易致癌。泡菜中易引发癌症的物质是亚硝酸盐，泡菜是否可以长期食用？泡菜中亚硝酸盐的浓度和哪些因素有关？怎么样的泡菜才是健康安全的？通过这些驱动问题，教师带领学生探寻泡菜的历史、学习泡菜制作方法、探究影响泡菜亚硝酸盐浓度的因素，帮助学生能够深入认知生物学与社会的关系，理解历史、地理、生物、科学、技术、工程、数学、信息等学科的相互联系，并尝试运用多学科的知识和方法来解决现实问题，并能用辩证的思维看待事物，最终发展学生的核心素养。

基于此，根据《义务教育生物学课标(2022 版)》将本次跨学科实践活动的学习主题梳理如下(见图 3-48)：

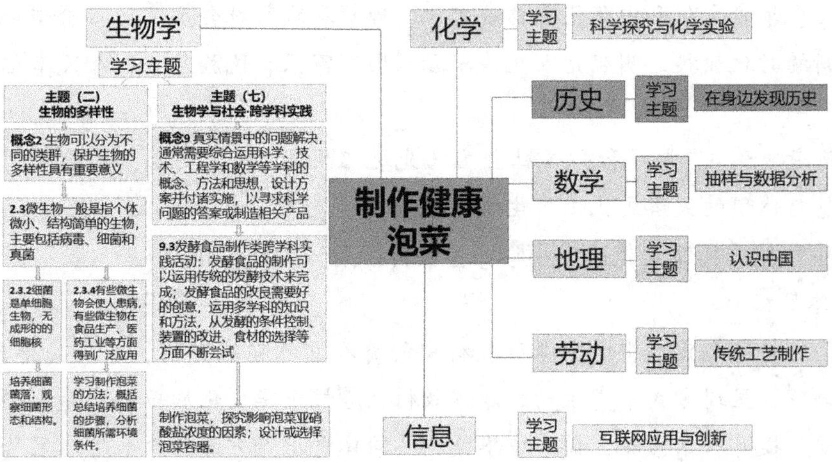

图 3-48　学习主题梳理

根据本跨学科实践内容绘制生物学科知识的思维导图(见图 3-49)：

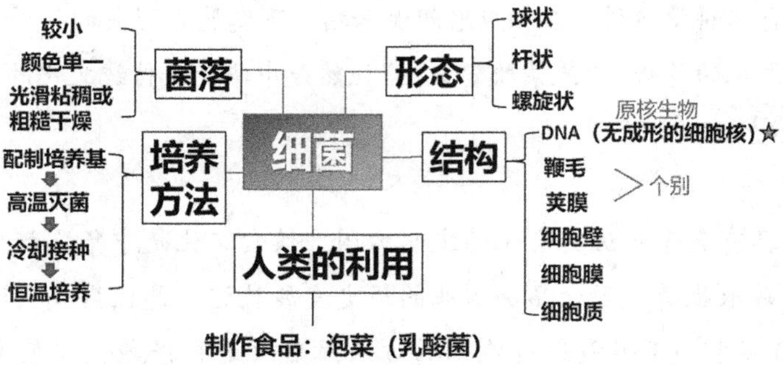

图 3-49　思维导图

(二)主题概况

1. 跨学科情况

本实践活动以生物学学科为主，同时涉及历史、地理、劳动、化学、数学、工程技术、信息等多个学科。

(1)生物学学科：①乳酸菌代谢所需要的环境条件、营养来源和产物等相关知识。②按照发酵技术的操作规范和程序制作泡菜。③测定泡菜中的亚硝酸盐浓度，分析亚硝酸盐浓度与原料、腌制时间等因素的关系。

(2)历史学科：①泡菜在我国出现的历史背景。②我国泡菜制作工艺的传承与创新路程。

(3)地理学科：泡菜在我国东北和四川盛行的地理环境因素。

(4)劳动学科：动手尝试制作泡菜。

(5)化学学科：溶液浓度的计算、溶液稀释。

(6)数学学科：将测量数据转化成图表等形式，并能科学地分析实验数据。

(7)工程技术：能尝试设计并制作适于实验的泡菜容器。

(8)信息技术：图片处理、视频制作等技术。

2. 所需资料

历史博物馆探究、文献查阅、网络资源查找、家人分享经验等。

3. 活动方式

文献学习、实验探究、观察记录、设计制作、参观考察、小组合作。

4. 实施周期

约7周。

(三)学情分析

泡菜是学生在家庭餐桌上常见的一道开胃小菜。通过对“细菌和真菌”一章的学习，学生已经从宏观和微观角度，对泡菜制作中发挥主要作用的乳酸菌等微生物的形态和结构等形成了进一步的认识，对其他的细菌、真菌与人类生产生活的关系也有一定程度的了解，但这种认识主要停留在生物学的学科理论层面，对泡菜产生的历史背景和地理因素、泡菜制作的工艺发展、泡菜的营养价值等方面的了解还很浅显。很多学生从未体验过泡菜的制作工艺，对泡菜发酵的要求也仅停留在理论认知阶段。如何制作出健康美味的泡菜，对学生而言是一项新奇、有趣且寓教于乐的实践活动。

三、活动目标

(一)总目标

依据乳酸菌的分布、代谢所需的环境条件、营养来源和产物等相关知识，选择或设计便于消毒和密封的容器，进而依据个人对食品的喜好来选择相应的蔬菜和配料，并按照发酵技术的操作规范和程序制作泡菜，测定泡菜的亚硝酸盐浓度，分析亚硝酸盐浓度与原料、腌制方式、时间等因素之间的关系，制作出健康泡菜。在此过程中，应多角度、辩证地分析问题，对既有的观点和结论进行批判审视、质疑包容，培养批判质疑、勇于探究的科学精神。

（二）相关课程核心素养

1. 生物学

（1）通过制作泡菜的实践活动，让学生亲身经历发酵食品的制作过程，理解发酵技术在食品生产方面得到广泛运用，并通过发酵的条件控制、装置的改进、食材的选择等过程，发展解决生活问题的责任担当和能力。（态度责任，探究实践）。

（2）通过“影响泡菜亚硝酸盐浓度的因素”的探究活动，让学生掌握乳酸菌的分布、代谢所需的环境条件、营养来源和产物等相关知识，形成物质与能量观。学生经过测定泡菜的亚硝酸盐浓度，分析亚硝酸盐浓度与原料、腌制方式、时间等因素的关系，发展严谨求实、多角度辩证地分析问题的能力。（生命观念，科学思维）

2. 历史

（1）通过查询和展示我国制作泡菜历史资料，帮助学生正确、客观地认识我国运用发酵技术的悠久历史，从而增强对国家、对中华民族的认同感。（史料实证，家国情怀）。

3. 化学

通过测定泡菜的亚硝酸盐浓度的实践活动，从物质及其变化的视角分析和理解亚硝酸盐含量的变化规律，发展辩证唯物主义世界观。（化学观念）

4. 数学

通过测量泡菜发酵过程中亚硝酸盐的含量，理解数据中蕴含的信息，掌握数据收集、整理和分析的方法，并通过各小组数据对比分析，概括泡菜制作过程中亚硝酸盐的变化规律。（数据观念，模型观念）

5. 地理

通过对“泡菜在我国东北和四川盛行的地理环境因素”的辨析活动，引导学生理解发酵技术与地理环境的关系。（人地协调观）

6. 劳动

在制作过程中，选择或设计便于消毒和密封的容器，并按照发酵技术的操作规范和程序来制作泡菜，养成动手实践、热爱劳动、珍惜劳动成果的品质。（劳动能力、劳动习惯和品质）

7. 信息

通过制作有关泡菜科普视频活动，帮助学生正确地选择数字化平台，整合资源，养成利用信息科技开展数字化学习与交流的行为习惯。（数字化学习与创新）

（三）核心概念与问题

（1）核心概念：辩证地看待事物的两面性，全面客观地分析问题。

（2）核心问题：如何制作出健康的泡菜。

四、实施流程图(见图 3-50)

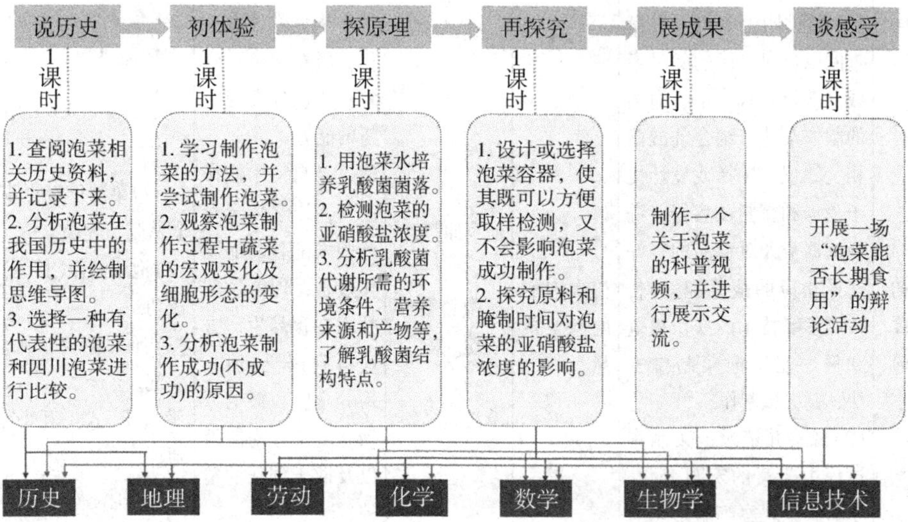

图 3-50　流程图

五、活动设计

阶段	设计意图：根据驱动性问题、任务及其分解后的子问题、子任务来设计若干个教与学活动，对应学习目标与评价设计，确定学生活动目标、工具与资源，并规划活动时长。						
	活动环节	教与学活动	学生活动作品	工具与资源	对应学习目标	活动评价	课时安排
启动阶段(问题情境、项目计划)	说历史	(1)学生在课前查阅与泡菜相关的历史资料，并做好记录。 (2)以小组为单位，根据收集到的泡菜相关史料，分析泡菜在我国历史中的作用，绘制思维导图。 (3)选择一种具有代表性的泡菜与四川泡菜进行比较。	泡菜历史记录卡。 绘制思维导图。 泡菜信息比较表。	走访中国泡菜博物馆或查阅网络资料。 希沃同屏。	正确、客观地认识我国运用发酵技术的悠久历史，形成对国家和中华民族的认同。 通过辨析活动，培养学生理解发酵技术与地理环境的关系。	(1)团队分工合作，小组成员积极参与。 (2)查找的资料翔实，对资料的分析和解释合理、准确。 (3)介绍观点时，语言流畅、条理清晰。 评价形式：自评、互评。	第1课时

续表

阶段	设计意图：根据驱动性问题、任务及其分解后的子问题、子任务来设计若干个教与学活动，对应学习目标与评价设计，确定学生活动目标、工具与资源，并规划活动时长。						
	活动环节	教与学活动	学生活动作品	工具与资源	对应学习目标	活动评价	课时安排
探究阶段（活动探究、作品制作）	初体验	(1)通过网上查阅、书籍查阅以及向自己的父母亲戚请教等方式，了解泡菜的制作工艺，结合乳酸菌相关知识，选择或设计便于消毒和密封的容器，进而依据个人对食品的喜好选择相应的蔬菜和配料，按照发酵技术的操作规范和程序制定泡菜制作方法，并尝试制作。 (2)观察并记录泡菜制作过程中蔬菜的宏观变化，用显微镜观察细胞形态的变化。 (3)分析泡菜制作成功或失败的原因。	初次泡制的泡菜成品。	泡菜原料。 显微镜观察活动。 希沃同屏。	通过查阅资料，感受中华优秀传统文化，培养学生对资料获取、分类与辨析的能力。 通过亲自动手制作泡菜，让学生亲身体验发酵食品的制作过程，理解发酵技术在食品生产方面得到广泛运用，培养学生积极的劳动态度、劳动能力以及敢于创新的精神。 通过观察和分析活动，从宏观和微观的角度感受乳酸菌对蔬菜的作用。	(1)泡菜制作过程步骤清楚、完整。 (2)泡菜制作(目测)成功。 (3)照片拍摄清晰、美观。 评价形式：互评、师评。	第2课时
	探原理	(1)制作培养基，用泡菜水培养乳酸菌菌落。 (2)学生对初次尝试制作的泡菜进行取样，并用亚硝酸盐检测试纸检测其中的亚硝酸盐浓度。 (3)分析乳酸菌代谢所需的环境条件、营养来源和产物等，了解乳酸菌结构特点。	用泡菜水培养的乳酸菌菌落。 泡菜的亚硝酸盐含量检测。	乳酸菌培养基。 亚硝酸盐检测试纸。 教师PPT。	了解乳酸菌的结构特点，掌握乳酸菌的分布、代谢所需的环境条件、营养来源和产物等相关知识，形成物质与能量观。 经过测定泡菜中的亚硝酸盐浓度，分析亚硝酸盐浓度与原料、腌制方式、时间等因素的关系，发展严谨求实、多角度辩证地分析问题的能力。	(1)乳酸菌接种操作是否规范。 (2)是否长出乳酸菌菌落。 (3)培养基是否有杂菌污染。 评价形式：自评、互评。	第3课时

续表

阶段	设计意图：根据驱动性问题、任务及其分解后的子问题、子任务来设计若干个教与学活动，对应学习目标与评价设计，确定学生活动目标、工具与资源，并规划活动时长。						
	活动环节	教与学活动	学生活动作品	工具与资源	对应学习目标	活动评价	课时安排
探究阶段（活动探究、作品制作）	再探究	(1)小组成员分工合作，选择或设计合适的泡菜容器，需要既可以方便取样检测，又不会影响泡菜的成功制作。 (2)选取泡菜原料和腌制时间两个因素为研究变量，引导学生设计实验，同时探究泡菜原料和腌制时间对泡菜的亚硝酸盐浓度的影响。 (3)小组使用自己选择或设计的容器，按照设计方案进行探究实践，如实记录实验数据，并将实验数据进行整理分析，得出实验结论。	泡菜容器的设计方案及成品。 泡菜原料/腌制时间对泡菜的亚硝酸盐浓度影响的探究方案。 第二次泡制的泡菜成品以及检测记录的亚硝酸盐含量的变化曲线。	希沃同屏。 泡菜原料。 亚硝酸盐检测试纸。	通过设计恰当的发酵容器，规范发酵技术操作流程，发展学生的分析、建模等科学思维以及探究实践的能力。 通过测定泡菜的亚硝酸盐浓度，分析亚硝酸盐浓度与原料、腌制方式、时间等因素的关系，发展严谨求实、多角度辩证地分析问题的能力。	(1)容器选择：①满足成功制作出泡菜的需求。②不需要打开盖子就可以方便地取出泡菜水。③方便观察泡菜发酵情况。④容器价格便宜、制作简单。 (2)实验设计：①积极参与实践活动。②实验设计遵循单一变量原则、对照原则和重复原则。③设计单的书写工整。④介绍自己的观点时，条理清晰。 (3)实验操作：①泡菜制作操作得当；泡菜制作成功。②准确测量泡菜中亚硝酸盐的浓度。③实践过程记录得详细且科学。④实验结论的表达准确且规范。 评价形式：自评、互评。	第4课时课外
展示阶段（成果交流、评价反思）	展成果	小组分工合作，根据要求制作一个关于泡菜的科普视频，并进行分享和展示。	关于制作健康泡菜的科普视频。	课堂分享。	通过制作科普视频，学生选用合适的数字设备，有效地管理学习过程与学习资源，创造性地解决问题，培养学生的信息素养和科技应用能力。	(1)科普视频的设计美观、和谐。 (2)视频画质清晰、图像稳定、声音清楚、音画同步。 (3)灵活运用各种拍摄和剪辑软件，作品整体效果好。 (4)熟悉泡菜历史和制作技术，科普性强。 (5)讲解语言生动、表达清晰、重点突出。 (6)科普视频的逻辑清晰，体现创作者的思考。 评价形式：组内/小组互评、师评。	第5课时

续表

阶段	设计意图：根据驱动性问题、任务及其分解后的子问题、子任务来设计若干个教与学活动，对应学习目标与评价设计，确定学生活动目标、工具与资源，并规划活动时长。						
	活动环节	教与学活动	学生活动作品	工具与资源	对应学习目标	活动评价	课时安排
展示阶段（成果交流、评价反思）	谈感受	请结合对泡菜的了解，在班级内开展一场关于“是否能够长期食用泡菜”的讨论，并将主要的论点和理由记录下来。	辩论活动。	课堂资源。	通过开展一场关于“是否能够长期食用泡菜”的讨论，引导学生在学习过程中积极思考，提高思维的深度和广度，形成基于证据进行逻辑推理的科学思维习惯，培养学生批判性思维。	互评、师评。	第6课时

第三节　中华传统文化融入作业设计

一、中华传统文化融入作业设计的思路及策略

生物学作业是生物学教学的重要组成部分，它是帮助学生构建生物学核心概念，形成生命观念，发展科学思维，提升科学探究能力，提高社会责任感的有效途径；是教师检验课堂教学、改进课堂教学策略的重要手段；是对学生学习成果进行过程性评价的有效载体。初中生物学作业作为生物学学科教学的重要组成部分，承担着提升学生生物学科素养和培植家国情怀的重要使命。

中华优秀传统文化是中华民族的宝贵财富，也是人类文明的重要组成部分。它是我国数千年来积累的文化遗产和传统价值观念的结晶，是中国历史上的瑰宝，涵盖了中国古代文学、农业生产、医学、自然科学等多个领域的成就。中华优秀传统文化不仅展示了中华民族的智慧和创造力，更承载了丰富的道德观念和价值观念，它强调人与自然和谐发展、珍惜自身、实事求是、知行合一等价值观念。这些价值观念对中国人民的思维方式、行为准则、社会习惯产生了深远影响，并且在当代中国社会中仍然具有重要的地位和影响力。首先，它强调人与自然和谐发展，追求人与自然界的统一。这种观念源于古代中国人对大自然的敬畏和尊重，认为人类与自然应该和谐共生，而不是争夺与破坏。这种和谐理念在今天仍然具有重要的意义，提醒着人们要珍惜和保护自然环境，以实现可持续发展。其次，它强调珍惜生命，古人把生命视为“天地之大德”，认为人类是宇宙的精华、万物的灵长，欣生恶死与祈求长生乃自然本性，所以特别强调生命高于一切，每个人都要珍惜生命、善待自己。这与生物学课程标准要求的“养成健康的生活态度和行为习惯”不谋而合。最后，中华优秀传统文化还注重实事求是，知行合一。实事求是是一种治学风格，即根据实证，求索真知；“知行合一”的哲学思想是由明朝大儒王阳明提出的，强调道德意识的自觉性，要求人在内在精神上下功夫；另一方面也重视道德的实践性，指出人要在实践中磨炼，要言行一致、表里如一。“实事求是”“知行合一”的核心精神在注重实际与实践，这与生物学课程标准强调“教学过程重实践”的精神十分契合。

因此，将中华优秀传统文化融入生物学作业设计，对于弘扬中华文化、提高学生的生物学科素养具有重要作用。教育工作者要采取多种有效路径，推动中华优秀传统文化融入初中生物学作业设计。

(一)将文学知识融入初中生物学作业设计

将文学知识融入初中生物学作业设计，不仅可以丰富作业内容，提升学生的学习兴趣，还能促进学科间的交叉融合。

1. 将诗词引入生物学作业设计，探索诗词中的生物学知识

我国诗词中蕴含着丰富的生物学知识。如白居易《赋得古原草送别》中的“离离原上草，一岁一枯荣。野火烧不尽，春风吹又生。”可引导学生探究植物的生长周期与环境因素；“西湖春色归，春水绿于染”，“苔花如米小，也学牡丹开”，可引导学生关注诗词中的植物世界；“梁上有双燕，翩翩雄与雌。衔泥两椽间，一巢生四儿……青虫不易捕，黄口无饱期……须臾十来往，犹恐巢中饥”则描述了鸟类的繁殖行为。教师既可以将这些诗词融入学生的课后书面作业设计，也可以开展“诗词中的生物知识”课后探究活动，让学生体察诗人观察生物世界的所感所悟，将中华人文精神与生物学知识有机结合，有助于培养学生的生物学核心素养，发展学生的古典文学素养。

2. 将古代谚语融入生物学作业设计，理解生物与环境的关系

在谚语中，我们确实可以发现许多与生物学知识相关的内容。例如，龙生龙，凤生凤，老鼠的儿子会打洞。这句谚语体现了生物的遗传现象，它描述了后代会继承亲代的遗传特征；一母生九子，连母十个样。这句谚语则展示了生物的变异现象，描述了即使在同一个母体中，由于基因突变、基因重组等因素，其后代也会表现出不同的特征；螳螂捕蝉，黄雀在后。这句谚语描绘了生物的捕食及食物链关系；一山不容二虎。这句谚语反映了生物的种内斗争及生态系统的平衡稳定要求，在资源有限的环境中，同种生物之间可能会因为争夺食物、领地等资源而发生争斗，从而影响生态系统的稳定性；一朝被蛇咬，十年怕井绳。这句谚语描述了生物的条件反射现象，当生物受到某种刺激后，会形成某种固定的反应模式，即使刺激已经消失，这种反应模式也会持续一段时间；一方水土养育一方人。这句谚语描述了生物与环境的适应关系，生物在适应环境的过程中，会形成与其环境相适应的特征和行为模式，不同的环境会孕育出不同的人群和文化；“庄稼一枝花，全靠肥当家”反映了植物的生长需要无机盐；“山上多栽树，胜似修水库”则强调了森林的水土保持功能等。这些谚语都以其简洁生动的语言，传达了丰富的生物学知识。

(二)将我国优秀农业生产知识融入初中生物学作业设计

将我国传统农业生产知识融入初中生物学作业设计，是一个既有助于学生深入了解传统文化，又能增强学生对生物学的学习兴趣，同时培养实践能力的好方法。

1. 传统农业生产知识的搜集与整理

让学生自行搜集资料，整理我国传统农业的生产特点、技术方法、作物种类等基本

知识，如探究二十四节气中蕴含的古代劳动人民的农业生产智慧，鼓励学生通过图书馆、网络等渠道获取信息，并整理成报告或PPT形式进行展示。

2. 传统农业与现代农业对比

引导学生对比传统农业与现代农业在生产方式、技术手段、作物产量等方面的差异，并通过表格、图表等形式展示对比结果，撰写简短的分析报告。

3. 传统农业技术实践

设计实验项目，如让学生体验传统的种植方法(如轮种、间作等)、施肥技术(如有机肥的使用)等。鼓励学生利用家庭或学校资源，进行小规模的种植实践，观察并记录作物生长情况。

4. 农业生产与环境保护

引导学生了解传统农业在环保方面的优势，如生态平衡、资源循环利用等，同时分析现代农业可能带来的环境问题，并提出相应的解决方案或建议。

5. 传统农业文化传承

鼓励学生采访当地农民或农业专家，了解他们对传统农业的认识和看法，并以此为素材撰写采访报告或心得体会，分享对传统农业文化的理解和感悟。

通过以上作业设计，学生可以更加深入地了解我国传统农业生产知识，同时培养动手能力和环保意识，为未来的学习和生活打下坚实的基础。

(三)将我国中医学研究成果融入初中生物学作业设计

将我国中医药学研究成果融入初中生物学作业设计，不仅可以帮助学生了解中医这一传统文化瑰宝，还能激发他们对生物学和中医药学的兴趣。

1. 中草药的种植与制作实践

学生选择一种中草药进行种植，自行搜集资料，了解该中草药的药用价值，并尝试利用自己种植的中草药制作相关药剂。通过整理资料，学生可以完成一篇关于该中草药的基础知识的报告或PPT。

2. 中医药学研究成果展示

选择若干中医药学研究成果案例进行深入了解，如屠呦呦教授研究青蒿素的过程，学生需理解这些研究成果的临床应用、科学原理以及对现代医学的贡献，并能通过撰写报告、制作海报或进行口头报告等形式展示学习心得。

3. 中医药学与现代生物学的结合

引导学生思考中医药学与现代生物学之间的联系和区别。学生可以尝试将中医药学中的某个概念或原理与现代生物学中的知识相结合，进行探究性学习，并通过实验、观察或案例分析等方式，展示他们对这一主题的理解和发现。

4. 中医药学在现代医学中的应用讨论

学生需了解中医药学在现代医学中的应用情况，引导学生讨论中医药学在现代医学中的优势、挑战以及未来的发展方向，再通过小组讨论、辩论或撰写论文等形式，展示自己的观点。

(四)将我国民俗文化融入初中生物学作业设计

中国民俗文化涵盖了民俗和节日、物质文化艺术品、口头文学和表演艺术、民间信仰和祭祀活动以及饮食文化等多个方面，这些文化元素共同构成了中华民族丰富多彩的文化景观。其中饮食文化与初中生物学知识联系紧密，将我国民俗饮食文化融入初中生物学作业设计，可以帮助学生更好地理解生物学知识，增强对传统文化的认识。

1. 资料收集

要求学生分组收集关于中国不同地区(如东部、西部、南部、北部)的传统饮食文化的资料，包括特色食材、烹饪方法、饮食习惯等。鼓励学生通过图书馆、网络等多种渠道收集资料，并整理成 PPT 或文字报告。

2. 观察记录

指导学生观察家中的日常饮食，记录所使用的食材、烹饪方法和饮食习惯。引导学生思考饮食习俗与当地气候、地理、文化等因素之间的关系。

3. 实践探究

选择一种具有地方特色的传统食品(如腐乳、泡菜、酥油茶等)，指导学生进行制作实践。在制作过程中，要求学生观察并记录食品制作过程中的生物学现象(如发酵、腌制等)，并思考这些现象背后的生物学原理。

通过这些作业设计，学生可以在实践中体验中国民俗饮食文化的魅力，并在探究过程中加深对生物学知识的理解。同时，这样的作业设计也有助于培养学生的观察、分析和总结能力，从而提升综合素质。

二、作业设计案例及解析

(一)文学知识类

在我国的历史长河中，文人墨客留下了很多脍炙人口的优美诗句，他们在对大自然和生物进行细致观察后，通过作诗来表达自己的感受。古诗词中既蕴含着深厚的文化内涵，也蕴含着非常丰富的生物学知识。目前古诗词相关的生物试题数量也在持续增加，初中生物教师可以运用与生物相关的古诗词丰富课堂教学内容，既可以让学生体会到生物学知识在生活中的作用，还能让他们对生命科学产生更深入的理解，从而建立对生命的科学认知，提高自身的学科素养。

案例1：书面作业——探寻古诗词中的生物学知识

作业内容

1. 诗词里蕴含着不少生物学现象，下列描述中错误的是(　　)
   A.“江上往来人，但爱鲈鱼美”，鲈鱼和鲸鱼一样生活在水中，用鳃呼吸
   B.“神龟虽寿，犹有竟时。腾蛇乘雾，终为土灰”，龟和蛇有防止水分散失的甲或鳞片
   C.“地迥鹰犬疾，草深狐兔肥”，兔的牙齿有门齿和臼齿的分化与其植食性相适应
   D.“明月别枝惊鹊，清风半夜鸣蝉”，蝉属于动物界中的最大类群——节肢动物
2. 下列关于我国古诗词和民俗谚语的解释，不恰当的是(　　)
   A. 红豆生南国，春来发几枝——生物的生长发育
   B. 种豆南山下，草盛豆苗稀——生物因素对生物的作用
   C. 有收无收在于水，多收少收在于肥——植物生长需要水和有机物
   D. 春色满园关不住，一枝红杏出墙来——对外界刺激作出反应
3. 古诗词是中华优秀传统文化中的瑰宝，其中不乏与生命现象相关的佳句，下列诗句中，不能体现非生物因素对生物影响的是(　　)
   A. 停车坐爱枫林晚，霜叶红于二月花
   B. 落红不是无情物，化作春泥更护花
   C. 人间四月芳菲尽，山寺桃花始盛开
   D. 近水楼台先得月，向阳花木早逢春
4. 生命世代相续，生生不息。下列诗词没有体现生殖现象的是(　　)
   A. 几处早莺争暖树，谁家新燕啄春泥
   B. 碧玉妆成一树高，万条垂下绿丝绦
   C. 穿花蛱蝶深深见，点水蜻蜓款款飞
   D. 日出江花红胜火，春来江水绿如蓝
5. 下列古诗词中描绘了裸子植物的是(　　)
   A. 采菊东篱下，悠然见南山
   B. 苔痕上阶绿，草色入帘青
   C. 墙角数枝梅，凌寒独自开
   D. 亭亭山上松，瑟瑟谷中风
6. 中华文化源远流长，古诗词、成语、谚语不仅内涵丰富、富有哲理，而且语言精练，朗朗上口，千百年间万口传诵，哺育了一代又一代中华儿女，其中也蕴含着丰富的生物学知识。请据图回答下列问题：([ ]中填字母或序号，横线上填文字)

(1)图一是家蚕生殖和发育过程的示意图，成语“作茧自缚”描述的是图中[______]阶段。“金蝉脱壳”中的“壳”是指蝉的________。家蚕与蝉在生殖和发育上的共同点有________________(答出一点即可)。

(2)俗语“十月怀胎，一朝分娩”形容了母亲怀孕生子的艰辛。新生命的孕育离不开生殖系统，图二中[____]能产生卵细胞，还可以分泌________。卵细胞和精子在[②]结合成受精卵，随后在[①]________内进行胚胎发育，历经38周左右新生儿诞生。

续表

	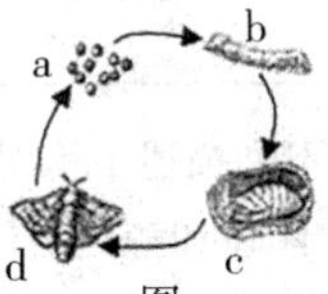图一 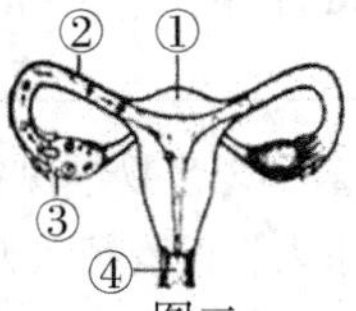图二 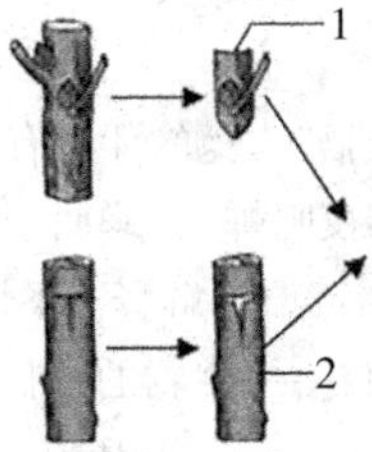图三 (3)图三可用成语“移花接木”形容，这种繁殖方式采用了______技术，此技术成功的关键是使 1 和 2 的________紧密结合，它与“春种一粒粟，秋收万颗子”所蕴含的生殖方式的根本区别是_________________。 (4)“春蚕到死丝方尽，蜡炬成灰泪始干”，诗人赞美蚕的辛勤劳动，以及对人类作出的贡献。家蚕并非一生都在吐丝，为了提高蚕丝的产量，蚕农可以采取哪些措施呢？_________________(答出一点即可)。
参考答案	1. A　2. C　3. B　4. D　5. D 6. (1)c；外骨骼；有性生殖(或体内受精、或变态发育、或蜕皮现象) (2)③；雌性激素；子宫 (3)嫁接；形成层；不经过两性生殖细胞的结合，由母体直接产生新个体 (4)延长幼虫期(或增加桑叶的喂食量等)
设计意图	该作业将古诗词与生物学知识有机结合，考查学生对动植物的类群及其主要特征、生物与环境的关系、生物的生命现象、生物的生殖与发育等知识点的掌握情况，帮助学生理解古诗词中蕴含的生物学知识，引导学生感悟中国古诗词蕴含的科学之美，传承我国经典诗词文化。

案例 2：实践作业——探寻古诗词中的生物学知识

作业名称	探寻诗词中的生物学知识
作业目标	(1)通过寻找诗词中的生物学知识，让学生感受生物学内容与古诗词的完美融合，在学习生物学的同时接受古诗词潜移默化的熏陶，从而增强民族自豪感和文化自信。 (2)通过编制诗词大会试题，帮助学生深入理解诗词中蕴含的生物学知识，并通过诗词探讨和阐述生命现象和规律，感悟古诗词的博大精深。 (3)通过设计诗词大会活动方案，培养学生的活动策划能力和组织管理能力。

续表

<table>
<tr><th>作业名称</th><th>探寻诗词中的生物学知识</th></tr>
<tr><td>作业内容</td><td>
(1)寻找诗词中的生物学知识。诗词中蕴含的生物学知识丰富多彩，涵盖了从微观细胞到宏观生态环境的各个方面。例如，“人间四月芳菲尽，山寺桃花始盛开”描述了由于地势高度不同导致的温度差异，进而影响植物的生长和开花时间的现象。山上温度较低，植物得到有效积温的所需时间长，因此发育慢，桃花开放时间较平地晚。“野火烧不尽，春风吹又生”体现了草原生态系统的恢复力和稳定性。草原上的植物在遭受野火等自然灾害后，能够迅速恢复生长，展现出生物对环境的适应性和生命力。请查找古诗词中的生物学知识，并记录下来。
(2)编制诗词大会试题。学校想要召开生物学诗词大会，需要大量的诗词试题，请根据你查找到的蕴含生物学知识的诗句，编制试题。试题参考样例如下：
例题①：说出“西湖春色归，春水绿于染”一诗中隐含的生物。
例题②：说出“苔花如米小，也学牡丹开”一诗中不符合生物学知识的方面及原因。
例题③：“接天莲叶无穷碧，映日荷花别样红”诗句中的“碧”和“红”来源于植物细胞中的哪个结构？
(3)诗词中的生物学知识不仅丰富了我们对生物世界的认识，还通过艺术的形式展现了生物与自然的美。通过探寻这些知识，我们可以更深入地理解和欣赏诗词中的意境和内涵。请设计一份我校诗词大会的活动方案，展示诗词与生物学的融合之美。
</td></tr>
<tr><td>作业评价</td><td>
利用评价量表开展自评、互评、师评等多主体评价方式对作业完成过程进行评价。
<table>
<tr><th colspan="2">评 价 方 式</th><th>学生自评</th><th>组内互评</th><th>教师评价</th></tr>
<tr><td rowspan="8">评价标准</td><td>1. 准确查找古诗词中的生物学知识。</td><td></td><td></td><td></td></tr>
<tr><td>2. 查找到的古诗词数量超过 10 条。</td><td></td><td></td><td></td></tr>
<tr><td>3. 编制的试题内容准确，附有参考答案。</td><td></td><td></td><td></td></tr>
<tr><td>4. 编制的试题数量超过 10 题。</td><td></td><td></td><td></td></tr>
<tr><td>5. 设计的方案主题鲜明，能突出“诵读经典古诗文，弘扬传统文化，提高生物学核心素养”等核心要义。</td><td></td><td></td><td></td></tr>
<tr><td>6. 诗词大会的活动形式多样，如个人赛、团体赛等，鼓励创新。</td><td></td><td></td><td></td></tr>
<tr><td>7. 活动准备、竞赛、评奖等阶段的时间安排合理，能保证活动的顺利进行。</td><td></td><td></td><td></td></tr>
<tr><td>8. 评价奖项设置合理，能激发参赛者的积极性，同时体现活动的公平性和公正性。</td><td></td><td></td><td></td></tr>
<tr><td>评价等级</td><td>满足 8～7 项，为优秀；满足 6～5 项，为合格；满足 1～4 项，为不合格。</td><td></td><td></td><td></td></tr>
</table>
</td></tr>
</table>

续表

作业名称	探寻诗词中的生物学知识
设计意图	诗词中的生物学知识不仅丰富了我们对自然界的认识，也为我们提供了理解和欣赏诗词的新视角，让我们能更深入地领略诗词中的自然之美和生命之韵。本实践作业引导学生通过诗词感受生命现象和生命规律，将生物科学与文学完美融合，弘扬中华传统文化，传承诗词经典，增强了学生对国家和中华民族的认同。同时，通过编制诗词大会试题及设计活动方案，激发学生对生物学的兴趣，培养学生的创新思维和团队协作能力。

(二)农业生产类

我国有着悠久的农耕文化历史，人们通过观察生物与环境的关系，顺应自然变化，因地制宜地种植农作物，积累了丰富的实践经验。这些宝贵的农耕经验可以帮助学生掌握植物的生命周期，理解植物生命活动的基本过程和原理，解决生产生活中的实际问题，并能从物质循环和能量变化的角度阐明植物在生物圈中的重要地位。

案例3：书面作业——古代著作中的生物学知识

作业内容	1.《吕氏春秋》是一部古代类百科全书式的传世巨著，其中一些篇目记录了很多农业生产技术问题，是保存至今最早的农业科学技术论文，例如，书中提到种植作物要“正其行，通其风”。下列选项中分析错误的是(　　) A.“通其风”能增加作物周边环境二氧化碳浓度 B.“通其风”能降低农作物的光合作用 C.“正其行”就是要合理密植 D.“正其行”能保证作物充分接受光照 2.《诗经》以“蚕月条桑”描绘了古人种桑养蚕的劳动画面，下列说法中错误的是(　　) A. 桑的细胞有细胞壁，而蚕无细胞壁 B. 桑叶是由叶芽发育的 C. 蚕的生殖方式为有性生殖 D. 为增加产丝量，需延长蛹期 3. 2023年10月24日是二十四节气中的霜降，俗话说“霜降杀百草”，严霜打过的植物，一点生机也没有。可见这一节气前后对生物影响最大的环境因素是(　　) A. 阳光　　B. 水分　　C. 温度　　D. 土壤 4. 二十四节气之“惊蛰”在每年三月初，“惊”指它们在这个节气前后从蛰伏中苏醒过来；“蛰”指某些昆虫入冬后藏于土中，不饮不食。下列相关说法中错误的是(　　) A. 体现了环境对生物的影响

续表

作业内容	B. 表现出生物对环境的适应 C. 有利于动物在低温条件下生存 D. 这是进化过程中学习形成的 5. 中国是世界上最早养蚕制丝的国家，高品质的桑树是获得良好收益的保证。北魏时期的《齐民要术》里系统记录了当时桑树种植的相关技术。请回答相关问题： (1)用桑籽在苗圃中育苗，一年后“移而栽之”，为保证桑苗移栽成功，可采取的措施是________________(写一条)。 (2)桑树枝叶过于茂密之处，需着重修剪，以扩大桑树枝冠内的透光度，促进枝叶间空气流通，利于桑树生长，原因是________________。 (3)给桑树施肥时，“以蚕矢粪之”。蚕粪提供的无机盐被根吸收后，沿着______运输到植株各处。 (4)在桑树周围种植芜菁，收获种子后，“放猪啖之，其地柔软”。猪拱土吃芜菁根时，疏松了桑田土壤，利于桑树根进行_______作用。 (5)我国劳动人民经长期实践，形成了“基上种桑，桑叶喂蚕，蚕粪养鱼，鱼粪肥塘，塘泥肥桑”的“桑基鱼塘”生态农业模式，从生物学角度分析该模式的优点是________________(写一条即可)。 6. “二十四节气”是先辈农贤在漫长的劳作实践中，结合植物的生长发育，加工、提炼而成的农耕社会的时间指南，体现了古人的生存智慧和生命哲学。 请回答下列问题。 (1)立春时节，万物复苏，植物又悄悄开始了新一轮的生长。在生长过程中，需要的水和无机盐主要是由根尖的______区吸收的。 (2)惊蛰时节，雷鸣惊醒了沉睡的动物，雨水增多，植物生长加快。民间有“惊蛰雷鸣，成堆谷米”的农谚。此阶段影响农作物生长发育的非生物因素主要是______。 (3)“清明前后，种瓜点豆”，种的瓜和点的豆生命发育的起点是______。 (4)“麦到芒种谷到秋”，芒种期间正是北方收麦之时，收获的小麦籽粒中储存的有机物是由小麦植株的______作用合成的。 (5)“立冬拔萝卜，小雪砍白菜”，为了在漫长的冬日里吃到一口心心念念的蔬菜，北方的人们会将收获的萝卜、白菜贮存在地窖中，但存放时间过长会导致其营养价值降低，原因是____________。 7. 中华民族从远古时代起就进行着艰苦卓绝的劳动和斗争，发展了农业生产，对人类文明作出了巨大贡献。分析以下材料并回答问题： 材料一：“五谷丰登”中“五谷”在甲骨文时期就已存在，关于“五谷”的某种解释如下所示： 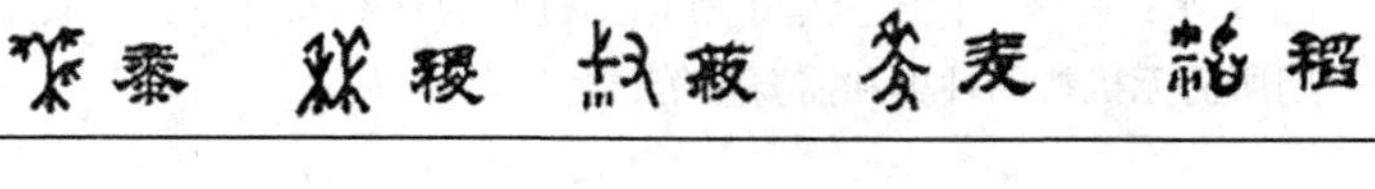

续表

作业内容	材料二：《齐民要术》被称为中国古代农业的“百科全书”，至今还具有指导意义，如“区间草生，锄之”“正其行、通其风”“凡美田之法，绿豆为上”等。 材料三：我国全面建立粮食科技创新体系，大力培育优良品种，推广应用科学施肥、节水灌溉、绿色防治等技术，确保“中国人的饭碗任何时候都要牢牢端在自己手中，饭碗主要装中国粮”。 (1)材料一中，甲骨文中的“黍”“稷”等字将作物舒展的茎叶形象地表现出来。茎叶舒展、叶片互不遮挡，有利于作物进行______作用。“菽”是指双子叶植物大豆，其种子结构中储存营养的结构是________，“麦“稻”属于单子叶植物，其种子结构中储存营养的结构是______，把碘液滴在该结构上，会出现的现象是________。 (2)材料二中，“区间草生，锄之”，这是因为杂草和作物之间存在________关系。“正其行，通其风”是指在种植作物时，要根据当地的“风向”选好“行向”，注意行距，合理密植，以利于空气流通。从光合作用原理分析，“通其风”能使作物周围有充足的______，从而为光合作用提供足够的原料。“凡美田之法，绿豆为上”，这是因为绿豆等豆科植物的根系中含有能固氮的根瘤菌，豆科植物与农作物种在一起，可为作物的生长提供含______的无机盐，使作物枝繁叶茂，从而达到“美田”的目的。 (3)材料三中，“科学施肥，节水灌溉”，种植过程中若施肥过多，会导致根系________(选填“吸水”或“失水”)，出现“烧苗现象”；若灌溉过多，会影响植物根部的________作用，从而出现烂根，导致植物死亡。过度施肥会造成环境污染。为推广化肥减量增效技术，在指导农民精准施肥前，你认为农业技术人员需要通过检测，查阅资料等获取哪些数据？________________。
参考答案	1. B　2. D　3. C　4. D 5. (1)阴雨天或傍晚移栽(或根部带土坨等)(合理即可) (2)增加了光吸收面积，提高了二氧化碳浓度，有利于提高桑树的光合作用速率(合理即可) (3)导管 (4)呼吸 (5)实现了物质和能量的多层次多级利用(或提高了能量的转化效率、减少了环境污染)(合理即可) 6. (1)成熟 (2)水分 (3)受精卵 (4)光合 (5)呼吸作用消耗了有机物 7. (1)光合；子叶；胚乳；变蓝 (2)竞争；二氧化碳；氮 (3 失水；呼吸；检测土壤中所含无机盐的种类和含量，查阅不同植物在不同生长时期所需无机盐的种类和需要量等

续表

设计意图	该试题以我国传统农耕文化为情境，引导学生关注我国传统农业取得的伟大成就，通过传统农业和现代农业进行比较，帮助学生理解植物生长所需的条件，理解植物的生命活动，知道生态农业的优势；学生通过读图和答题，体验运用科学的观点、知识和方法来分析和解决实际问题的过程，并能复习巩固所学知识，从而培养学以致用以及分析和解决实际问题的能力。

案例 4：实践作业——蚕丝物语

作业名称	蚕丝物语
作业目标	(1)通过收集我国养蚕的历史资料，了解家蚕作为一种重要的经济作物，在人类经济生活及文化历史中占有的重要地位，进而认同动物与人类文明发展的密切关系，加深对我国人民勤劳品质的认识，增强民族自豪感和文化自信。 (2)尝试设计并制作养蚕装置和养殖记录表，培养学生的创新精神和实践能力，养成动手实践、热爱劳动的品质。 (3)饲养家蚕，观察记录家蚕生长发育各个时期的主要特点以及雌、雄蚕蛾交配生殖的全过程，发展观察和描述生命现象的能力，掌握家蚕的生命活动过程和规律，理解昆虫的变态发育现象。 (4)通过体验人工缫丝、制作蚕丝、蚕茧创意手工等活动，提升学生的劳动素养、动手实践能力和创新审美能力。
作业内容	桑蚕养殖最早起源于中国，在距今五六千年前的新石器时代中期，人们便开始采桑养蚕、取丝织绸。古代最早的蚕是栖息于树上的野生蚕，经过一代又一代长期的培育和选择，逐渐驯化成了具有良好经济价值的桑蚕种。蚕桑文化的发展，使中原文明的纺织业领先于世界，也使得中国成为衣冠大国，美丽的“蚕丝”经由“丝绸之路”传到西方国家，成为中外文化贸易繁荣发展的一座桥梁。2009 年 9 月，“中国蚕桑丝织技艺”正式进入联合国教科文组织公布的第四批“人类口头和非物质文化遗产代表名录”，古老的蚕桑文化在新时代将继续完好留存并发扬光大。 (1)探寻丝绸历史、了解桑蚕文化。蚕桑所成就的丝绸文化，一直以来就是中国文明的象征，时至今日，中国的丝绸制品也同样被全世界所认可和推崇。请参观走访丝绸博物馆或者上网查阅相关资料，了解我国是什么时候开始养蚕织丝的？古人如何制作丝绸？如何鉴赏质量上乘的丝绸？丝绸之路有何特定的历史、地理背景？并将查阅到的资料进行分类整理并记录。 (2)根据小组成员查阅到的资料，小组合作，从产品经济价值、社会文化价值、传统工艺价值、社会历史价值等方面分析丝绸在我国历史中的作用。

续表

作业内容

(3)了解养蚕方法、进行养蚕记录。桑蚕是一种以桑叶为食料的吐丝结茧的经济昆虫。它为丝绸的制作提供宝贵的纺织材料。请通过网上查阅、书籍查阅以及向自己的父母亲戚请教等方式了解家蚕的养殖方法，进而选择或设计恰当的装置进行养蚕，并认真观察蚕每一阶段的变化。

日期	气温(℃)	体长(mm)	外形变化	吃食情况	排便情况	活动情况	我的发现
4.18	23	1	蚕卵破壳而出啦	开始啃食桑叶	不多，黑色	到处爬	刚孵出来的蚕宝宝是黑色的，像很小的蚂蚁，叫“蚁蚕”，虽然小，但蠕动速度快，身上长满细毛。

(4)中国人对于桑蚕文化的喜爱仿若刻在了骨子里，有关桑蚕的故事，从未间断，女子采桑、养蚕、丝织的场景，出现在诗歌、唱词、水墨画里。相传，黄帝元妃嫘祖在管理制作衣服饰物过程中，偶然发现林间有种虫子会吐出白丝线，此线用作制衣之料甚佳，由此便创造了养蚕缫丝之法。蚕茧不仅可以制作成蚕茧花、蚕茧工艺品，还可以制作成蚕丝皂、蚕丝扇、蚕丝书签等。请选择一种你喜欢的蚕丝作品，查阅制作方法后，使用收获到的蚕茧进行制作。

(5)分析养蚕成功(或不成功)的原因。

作业评价

利用评价量表开展自评、互评、师评等多主体评价方式对作业完成过程进行评价。评价量表如下：

1. 了解我国桑蚕的历史文化

序号	评价内容	评星	自评	互评
1	团队分工合作，小组成员积极参与。	☆☆☆		
2	查找的资料丰实，对资料的分析和解释合理、准确。	☆☆☆		
3	介绍观点时，语言流畅、条理清晰。	☆☆☆		

续表

<table>
<tr><td>作业评价</td><td>
2. 了解养蚕方法、进行养蚕记录
<table>
<tr><th>序号</th><th>评价内容</th><th>组员评语</th><th>教师评语</th></tr>
<tr><td>1</td><td>积极参与养蚕活动。</td><td></td><td></td></tr>
<tr><td>2</td><td>养蚕成功率高。</td><td></td><td></td></tr>
<tr><td>3</td><td>养蚕过程步骤清楚、完整。</td><td></td><td></td></tr>
<tr><td>4</td><td>蚕的生长发育过程及特点归纳准确。</td><td></td><td></td></tr>
</table>
3. 制作蚕茧、蚕丝工艺品
<table>
<tr><th>序号</th><th>评价内容</th><th>评星</th><th>组员评语</th><th>教师评语</th></tr>
<tr><td>1</td><td>制作过程严谨认真</td><td>☆☆☆</td><td></td><td></td></tr>
<tr><td>2</td><td>外观设计得美观和谐</td><td>☆☆☆</td><td></td><td></td></tr>
<tr><td>3</td><td>照片拍摄得清晰细致</td><td>☆☆☆</td><td></td><td></td></tr>
</table>
</td></tr>
<tr><td>设计意图</td><td>本实践作业通过我国桑蚕历史资料的查询和展示活动，帮助学生正确、客观地认识我国养蚕织丝的悠久历史，从而形成对国家和中华民族的认同；通过引导学生设计并制作养蚕装置和养殖记录表，培养学生的创新精神和实践能力，养成动手实践、热爱劳动的品质；通过饲养家蚕，观察记录家蚕生长发育各个时期的主要特点以及雌、雄蚕蛾交配生殖的全过程，发展观察和描述生命现象的能力，掌握家蚕的生命活动过程和规律，理解昆虫的变态发育；通过学生将蚕茧转化为艺术作品，提升学生的劳动素养和通过艺术作品展现艺术美感的实践能力，有助于学生发现美、感知美，形成创新意识、创造能力，强化团队协作精神。</td></tr>
</table>

（三）医学研究类

我国古代传染病预防与治疗方面取得了重要成就，如东晋葛洪的《肘后救卒方》、唐代孙思邈的《千金方》中关于传染病治疗的描述，以及用人痘预防天花、利用艾叶预防瘟疫等。这些医学研究成果是我国宝贵的财富，是值得学生不断学习和传承的文化瑰宝。

案例5：书面作业——我国中医药学取得的成就

作业内容

1. 中医古籍《黄帝内经》记载：“五谷为养，五果为助，五畜为益，五菜为充。”下列说法错误的是(　　)

A.“五谷”中的稻、黍、稷等富含淀粉，位于平衡膳食宝塔的最底层

B. 新鲜的“五果”中富含维生素C，可预防坏血病，增强人体抵抗力

C.“五畜”中富含蛋白质，是人体生长发育等生命活动的物质基础

D.“五菜”中含有十分丰富的膳食纤维，能为人体生命活动提供能量

2.“切脉”是中医常用的诊疗手段。下列说法不正确的是(　　)

A.“切脉”切的是动脉，其管壁厚，弹性大

B. 动脉内壁的动脉瓣具有防止血液倒流的功能

C. 正常人脉搏的次数可以反映心跳的次数

D. 动脉里流动的血液不一定都是动脉血

3. 明代医学家李时珍编写的《本草纲目》中记载了1094种植物药材，443种动物药材，这直接体现了生物多样性中的(　　)

A. 数量的多样性　　B. 物种的多样性

C. 基因的多样性　　D. 生态系统的多样性

4. 唐代医学家孙思邈在《千金方》中写道：“预防诸病……常习不唾地……”现在看来，这正是倡导传染病预防措施中的(　　)

A. 控制传染源　　B. 杀死病原体

C. 切断传播途径　　D. 保护易感人群

5. 中草药是中华民族的瑰宝，某些药物能消炎杀菌。中学生张可家里喂养了几十只鸡，他想尝试用中草药替代家里以往用的抗生素添加剂。他与有中医知识的父亲一起，用板蓝根、鱼腥草等配制成中草药添加剂，探究不同饲料添加剂对鸡存活率的影响。

(1)他选择了同一品种，且生长、健康状况基本一致的鸡苗60只，______分成三组，并做好标记。

(2)在每天早上放出笼之前，A组的鸡苗喂适量的含中草药添加剂的饲料，B组喂等量的含______的同种饲料，C组喂等量的不作处理的饲料。其他饲养条件相同且适宜。

(3)每天观察和记录三组鸡的______。若A、B、C三组实验结果无明显差异，能否说明中草药添加剂可替代抗生素？______。

(4)抗生素能有效杀死细菌，在一定程度上能保护家禽的健康，但长期、大量使用抗生素会带来一系列问题。请你写出一条滥用抗生素的危害。

____。

续表

作业内容

6. 阅读下文并回答问题。

天花是一种因天花病毒引起的传染病。患者发病后，全身或头面部迅速出现痘疹，伴随着高烧、烦躁、嗜睡等症状，病重者常因感染引起的败血症而死亡；病轻者的痘疹溃破后结痂，会留有疤痕而毁容。

葛洪在《肘后备急方》中有如下描述：“此岁有病时行，仍发疮，头面及身，须臾周匝，状如火疮，皆戴白浆，随决随生。不即治，剧者多死。治得差后，疮瘢紫黯，弥岁方灭。此恶毒之气也。世人云，元徽四年，此疮从西东流，遍于海中……以建武中于南阳击虏所得，乃呼为‘虏疮’。”其意为，该年有一种流行病，发病时，不多久从头到脚，全身长出一个个像火疮那样的大疮，疮里满是白色的脓浆，这些疮，此起彼落，旧的溃破，又长出新的，治疗如不及时，严重者会死亡，治好者则会留下紫黑的疮疤。这种病于东汉建武年间在南阳的战争中，从俘虏中传染得来，故命名叫“虏疮”。据考证这是世界上最早的“天花病”记录，且是对天花发疹的顺序、形态、预后及诊后表现都有描述的记载。

清代医学家吴谦在他的著作《种痘心法要旨》中记载有“人痘法”：“取痘粒之浆种之”，“服痘儿之衣”，“以痘痂屑干吹入鼻中”，“以痘痂屑湿纳入鼻孔”，即将症状较轻的天花病人的痘浆接种到健康人身上，以此来预防天花。

18 世纪初，英国医生詹纳在给一位患牛痘疮的人看病时，得知患过牛痘疮的人，不会患天花病。詹纳由此得到了启发，发明了接种牛痘来预防天花的方法。天花病毒和牛痘病毒是两种不同的病毒，前者可以致人死亡，后者只带来轻微的感染，人接种了牛痘后产生的抗体也可以与天花病毒结合，从而有效地控制天花病毒的蔓延。因此，“牛痘法”迅速在世界范围内推广开来。1979 年 10 月 26 日，世界卫生组织宣布，天花被人类彻底消灭了。

(1)天花病毒结构简单，没有细胞结构，不能独立生活，只能______在活细胞里。

(2)“人痘法”的原理是：将症状较轻的天花病人的痘浆接种到健康人身上刺激人体的淋巴细胞产生相应的______。这种免疫属于______(选填“非特异”或“特异”)性免疫。

(3)根据《种痘心法要旨》的记载，推测天花病毒的传播途径是______和______。结合原文，分析“人痘法”最终被“牛痘法”取代的主要原因是什么？____________。

(4)资料表明，美国和俄罗斯的几个实验室仍保存着天花病毒。是继续保存这些天花病毒(正方)，还是消灭这些天花病毒(反方)？你支持哪方的观点，理由是什么？

____

续表

参考答案	1. D 2. B 3. B 4. C 5. (1)平均 (2)抗生素； (3)存活情况；不能 (4)滥用还会引起细菌的抗药性增强，以及杀死正常的有益菌等副作用。 6. (1)寄生； (2)抗体；特异 (3)飞沫吸入；直接接触；天花病毒和牛痘病毒是两种不同的病毒，前者可以致人死亡，后者只带来轻微的感染； (4)支持正方：保存天花病毒，有利于保护生物多样性，一旦天花重新流行，可以利用实验室保存的天花病毒快速研制疫苗； 支持反方：假如实验室中的天花病毒被泄漏出去，将会造成严重的后果。
设计意图	该作业以我国中医药学取得的辉煌成就作为情境，引导学生分析这些医学成就中的生物学原理，并将所学知识与生活实际紧密联系在一起，提升学生获取信息的能力。学生通过资料阅读，能够基于生命观念和科学思维，形成健康生活的态度和行为习惯，并能通过题目的情境，引导学生关注社会性议题，提升社会责任感。

案例6：实践作业——艾草的种植与产品制作

作业名称	艾草的种植与产品制作
作业目标	(1)通过种植艾草并观察艾草的生长过程，绘制"艾草的一生"自然笔记等活动，让学生经历绿色开花植物的生命周期，包括种子萌发、生长、开花、结果与死亡等阶段，理解植物生命活动的基本过程和原理，培养学生留心观察、认真记录的好习惯。 (2)通过查阅资料，了解艾草的药用价值等活动，让学生感受我国中医文化的博大精深，增强民族自豪感和文化自信。 (3)通过动手种植艾草，并用自己种植的艾草制作美食的活动，提升学生的劳动素养，养成动手实践、热爱劳动的品质。 (4)通过艾草文创产品制作等活动，提升学生的动手实践能力、创造力和创新审美能力。
作业内容	艾草是菊科蒿属多年生草本或略成半灌木状植物，是我国一种常见的中草药。艾草与中国人的生活有着密切的关系。每至端午节之际，人们总是将艾草置于家中以"避邪"，干枯后的株体泡水熏蒸以消毒止痒，产妇多用艾草水洗澡或熏蒸进行调整。本次实践作业让我们一起研究艾草，感受中国传统文化的博大精深。

续表

<table>
<tr><th>作业名称</th><th>艾草的种植与产品制作</th></tr>
<tr><td>作业内容</td><td>(1)种植艾草。艾，是菊科蒿属多年生草本或略成半灌木状植物，植株有浓烈香气。艾草极易繁衍生长，对气候和土壤的适应性较强，耐寒耐旱，田边、地头、山坡、荒地均可选择为种植地，以土层深厚、土壤通透性好、有机质丰富的中性土壤为好。请查阅相关资料，在家尝试种植艾草，记录其生长情况，并绘制出“艾草一生”的自然笔记。
(2)制作美食。艾草也是一种很好的食物，在中国南方传统食品中，有一种糍粑就是用艾草作为主要原料做成的，即用清明前后鲜嫩的艾草和糯米粉按一比二的比例和在一起，包上花生、芝麻及白糖等馅料(部分地区会加上绿豆蓉)，再将之蒸熟即可。在广东东江流域，当地人在冬季和春季采摘鲜嫩的艾草叶子和芽，作蔬菜食用。请查阅相关资料或向家人请教，用你种植的艾草制作一种美食。
(3)药用价值。艾草全草可入药，有温经、祛湿、散寒、止血等功效，在历代的本草著作如《本草纲目》《神农本草经》中均有记载。艾灸历史悠久，三国时期曹翕撰写的《曹氏灸方》便有记载，艾灸对人体体表或体内生长出的肿瘤等有特殊疗效。请查阅相关资料，制作宣传艾草药用价值的海报。
(4)植物文化。民谚说：“清明插柳，端午插艾。”每至端午节之际，人们把插艾和菖蒲作为重要内容之一。家家都洒扫庭除，以菖蒲、艾条插于门楣或悬于堂中以防蚊虫，“避邪却鬼”，并用菖蒲、艾叶、榴花、蒜头、龙船花，制成人形或虎形，称为艾人、艾虎；制成花环、佩饰，美丽芬芳，妇人争相佩戴，用以驱瘴。艾蒿具有特殊的馨香味，可以制作艾草枕头或艾草香包，有安眠助睡解乏的功效。请利用你种植的艾草，制作一份艾草文创产品。</td></tr>
<tr><td>作业评价</td><td>利用评价量表开展自评、互评、师评等多主体评价方式对作业完成过程进行评价。评价量表如下：
1. 自然笔记评价量表
<table>
<tr><th>评价内容</th><th>学生自评</th><th>组内互评</th><th>教师评价</th></tr>
<tr><td>1. 作品主题特色鲜明，观察到的自然现象客观真实。(10分)</td><td></td><td></td><td></td></tr>
<tr><td>2. 观察全面细致，记录准确且科学，能与课内知识相结合。(10分)</td><td></td><td></td><td></td></tr>
<tr><td>3. 内容能体现出完整的科学探究过程，运用多种测量工具进行科学精准的观测。(10分)</td><td></td><td></td><td></td></tr>
<tr><td>4. 绘画较为科学准确，比例协调，版式美观且具有创意。(10分)</td><td></td><td></td><td></td></tr>
<tr><td>总　　分</td><td></td><td></td><td></td></tr>
</table>
</td></tr>
</table>

续表

<table>
<tr><td>作业名称</td><td>艾草的种植与产品制作</td></tr>
<tr><td>作业评价</td><td>每小项评分说明：优秀10~9分；合格8~7分；不合格6~0分。
2. 艾草药用价值宣传海报评价量表
<table>
<tr><td>评价内容</td><td>学生自评</td><td>组内互评</td><td>教师评价</td></tr>
<tr><td>1. 视觉吸引力：色彩搭配和谐、有冲击力，版面布局，整体视觉感受是否舒适。图像或插图清晰、突出主题，能有效地传达海报的信息。(20分)</td><td></td><td></td><td></td></tr>
<tr><td>2. 信息传达：主题明确，内容科学准确，语言简洁，能够在有限的空间内有效地传达重要信息。(50分)</td><td></td><td></td><td></td></tr>
<tr><td>3. 创意与设计：设计独特、新颖，能在同类海报中脱颖而出。海报展现了创意思维，能给受众留下深刻的印象。(30分)</td><td></td><td></td><td></td></tr>
<tr><td>总　分</td><td></td><td></td><td></td></tr>
</table>
总分说明：优秀100~85分；合格84~60分；不合格59~0分。</td></tr>
<tr><td>设计意图</td><td>中医药作为中华民族的瑰宝，根植于中华优秀传统文化的深厚土壤，凝聚了千百年来中国人的智慧。中医药文化是中华优秀传统文化的重要组成部分，是中华民族几千年来认识生命、维护健康、防治疾病的内在精神和思想基础。艾草，作为一种具有悠久历史和广泛应用的植物，不仅在传统医学中占据重要地位，还在日常生活中具有多种用途。该实践作业通过艾草种植和产品制作，让学生深入了解艾草的特性和价值，进而引导学生正确、客观地认识我国中医文化的悠久历史，帮助学生形成对国家和中华民族的认同，并培养学生的创新精神和实践能力，养成动手实践、热爱劳动的品质。</td></tr>
</table>

(四)民俗文化类

民俗文化，主要指民间民众的风俗生活文化，泛指一个国家、民族、地区中集居的民众所创造、共享、传承的风俗习惯。民俗文化中蕴含了丰富的生物学知识，将民俗文化与生物学作业设计有机融合，可以引导学生将所学的生物学知识与日常生活紧密联系起来，帮助学生学以致用，用生物学知识解释民俗文化中的某些现象。

案例7：书面作业——民俗文化中的生物学知识

作业内容

1. 早在《齐民要术》中就有制作泡菜的记载。制作泡菜主要包括清洗、装坛、压实、密封等步骤。下列选项中理解错误的是(　　)

A. 制作泡菜需要适宜的温度

B. 坛口加水密封能制造无氧环境

C. 导致蔬菜变酸的主要是酵母菌

D. 制作前清洗菜坛，能有效防止杂菌污染

2. 十二生肖是中国民俗文化的一部分，包含鼠、牛、虎、兔、龙、蛇、马、羊、猴、鸡、狗、猪十二种动物。这十二种动物中，大多数动物属于(　　)

A. 爬行动物　　B. 两栖动物　　C. 哺乳动物　　D. 鸟

3. 酱油起源于我国周朝，是以大豆为原料、面粉为辅料，利用微生物发酵酿造而成。制作酱油的工艺流程可概括如下：

浸泡 → 蒸煮 → 冷却 → 搅拌（加入面粉） → 制曲（相当于接种） → 发酵（加入盐、水等） → 抽油

(1)制作酱油的主要菌种是米曲霉，这是一种________(选填“细菌”或“真菌”)。发酵前期，米曲霉会产生大量的酶，能彻底分解大豆的蛋白质，使__________的含量上升。

(2)上述工艺流程中，在制曲前要先将蒸煮的大豆进行冷却，原因是_________。制曲大约需要7天，7天后豆粒表面长满了一层厚厚的白色绒毛，这些绒毛是米曲霉的______。

(3)古法酱油酿造在发酵环节讲究“日晒夜露”，白天打开酱缸，让豆酱充分享受阳光的热度，提供适宜的______条件促进微生物发酵；晚上热气散去，浓缩酱味。这个过程通常需要180天。

(4)现代酱油的制作工艺中还会在发酵环节适当加入酵母菌和乳酸菌，这样会加速有机物的分解，______(选填“缩短”或“延长”)发酵时间。______菌发酵产生乳酸，与其他分解产物混合在一起，增加酱油的风味。

(5)无论是古法酿造还是现代工艺，制作酱油时在发酵后期都要加入一定的盐分，可延长保存时间，其主要原理是____________________。

4. 阅读下列资料，并回答问题：

资料一：十二生肖，又称属相，是与十二地支相配以人出生年份的十二种动物。即子(鼠)、丑(牛)、寅(虎)、卯(兔)、辰(龙)、巳(蛇)、午(马)、未(羊)、申(猴)、酉(鸡)、戌(狗)、亥(猪)

续表

作业内容	资料二：生肖作为中华悠久的民俗文化符号，古往今来留下了大量描绘生肖形象和象征意义的诗歌、春联、绘画、书画和民间工艺作品。除中国外，世界上许多国家也在春节期间发行生肖邮票，以此来表达对中国新年的祝福。 资料三：在十二生肖中，龙是中国古代神话传说中的神异动物。常用来象征祥瑞。因此除龙外，其他11种生肖在现实生活中我们都可以找到原型。 (1)在除龙之外的其他11种生肖中唯一的变温动物是_____。 (2)鸡在动物的分类中属于_______，此类群的动物呼吸方式与其他动物不同，用_______辅助肺呼吸。 (3)虎是百兽之王，具凶猛阳刚之气，是典型的肉食性动物。此类动物的嘴里具有尖锐的_______，用来撕咬食物。
参考答案	1. C　2. C 3. (1)真菌；氨基酸。 (2)避免高温杀死米曲霉；菌丝。 (3)温度。 (4)缩短；乳酸。 (5)盐分较多，会造成渗透压较高的环境，能够抑制微生物繁殖而达到防腐的目的。 4. (1)蛇。 (2)鸟；气囊。 (3)犬齿。
设计意图	该作业将我国的民俗文化与生物学知识有机整合，让学生在探究过程中加深对生物学知识的理解，有助于培养学生的观察、分析和总结能力，提高综合素质。同时，学生在完成作业的过程中体验了中国民俗文化的魅力，增强了民族文化自信。

案例8：实践作业——古法制酸菜

作业名称	古法制酸菜
作业目标	(1)通过对我国制作泡菜历史资料的查询和展示，辨析泡菜在我国东北和四川盛行的地理环境因素，正确、客观地认识我国运用发酵技术进行生产的悠久历史，理解发酵技术与地理环境的关系，形成对国家和中华民族的认同。 (2)通过制作泡菜的实践活动，观察蔬菜在发酵过程中的变化，亲身体验发酵食品的制作过程，理解发酵技术在食品生产方面的广泛运用，培养积极的劳动态度、劳动能力以及敢于创新的精神。

续表

<table>
<tr><td>作业名称</td><td>古法制酸菜</td></tr>
<tr><td>作业内容</td><td>中国是一个具有数千年历史文化的文明古国，饮食文化是中华民族文化中不可或缺的部分，而泡菜则承载着我国食品加工业的历史发展轨迹，是值得我们珍惜传承的文化瑰宝。大约3500年前，百姓就通过泡制的方法对蔬菜进行保藏，发展至今，我们经常会吃到各种各样腌制的泡菜。湖南的酸萝卜老鸭汤、川渝的酸豆角肉末，还有东北的猪肉酸菜炖粉条、酸菜汆白肉、渍酸菜、酸菜饺子……发酵的酸香让人回味无穷。
(1)宋代诗人陆游在《上巳书事》诗中写道：“黄鸡煮臛无停筯，青韭淹葅欲堕涎。”这里的“葅”就是指的泡菜，可见泡菜在我国有着悠久的历史。泡菜是什么时候在我国出现的？古人为什么要将新鲜的蔬菜制作成泡菜？为什么东北和四川的人喜爱制作泡菜，这与当时当地的经济条件和地理环境是否有关？请查阅与泡菜相关的历史资料，并记录下来。
(2)出自《诗经・小雅・信南山》的“菹”可能为泡菜的雏形。北魏时期，著作《齐民要术》中首次较为细致地记载了泡菜的制作方法，“作盐水，令极咸于盐水中洗菜，即内瓮中”。此后不同年代皆有关于泡菜的记载，如清朝袁牧的《随园食单・时节须知》和民国的《成都通览》，这些历史记载不仅体现了泡菜文化的盛行，也让中国饮食文化历史演变有迹可循。各小组依据收集到的泡菜相关史料，从营养价值、文化价值、传统工艺价值、社会历史价值等方面分析泡菜在我国历史中的作用，绘制思维导图。
(3)选择一种有代表性的泡菜，从起源地的气候特点、制作器皿的方法、选用的蔬菜等方面与四川泡菜进行比较。
(4)通过网上查阅、书籍查阅以及向自己的父母亲戚请教等方式了解泡菜的制作工艺，结合乳酸菌相关知识，选择或设计便于消毒和密封的容器，依据个人对食品的喜好选择相应的蔬菜和配料，按照发酵技术的操作规范和程序制定泡菜制作方法，并尝试制作。观察并记录泡菜的制作过程中蔬菜的宏观变化，用显微镜观察细胞形态的变化。
(5)分析泡菜制作成功或失败的原因。</td></tr>
<tr><td>作业评价</td><td>利用评价量表开展自评、互评、师评等多主体评价方式对作业完成过程进行评价。评价量表如下：
1. 辨析泡菜历史展示交流活动评价量表。
<table>
<tr><td>序号</td><td>评 价 内 容</td><td>评星</td><td>自评</td><td>互评</td></tr>
<tr><td>1</td><td>团队分工合作，小组成员积极参与。</td><td>☆☆☆</td><td></td><td></td></tr>
<tr><td>2</td><td>查找的资料翔实，对资料的分析和解释合理、准确。</td><td>☆☆☆</td><td></td><td></td></tr>
<tr><td>3</td><td>介绍观点时，语言流畅、条理清晰。</td><td>☆☆☆</td><td></td><td></td></tr>
</table>
</td></tr>
</table>

续表

<table>
<tr><td>作业名称</td><td>古法制酸菜</td></tr>
<tr><td>作业评价</td><td>2. 尝试古法制作泡菜后的成果评价量表。
<table>
<tr><th>序号</th><th>评价内容</th><th>评星</th><th>自评</th><th>互评</th></tr>
<tr><td>1</td><td>制作泡菜的容器选择恰当。</td><td>☆☆☆</td><td></td><td></td></tr>
<tr><td>2</td><td>泡菜制作过程步骤清楚、完整。</td><td>☆☆☆</td><td></td><td></td></tr>
<tr><td>3</td><td>能准确描述泡菜制作过程中蔬菜的宏观和微观变化。</td><td>☆☆☆</td><td></td><td></td></tr>
<tr><td>4</td><td>分析泡菜制作成功(不成功)原因，有理有据，表述科学。</td><td>☆☆☆</td><td></td><td></td></tr>
</table></td></tr>
<tr><td>设计意图</td><td>本实践作业通过我国制作泡菜历史资料的查询和展示活动，引导学生正确、客观地认识我国运用发酵技术进行生产的悠久历史，形成对国家和中华民族的认同。通过查阅资料，感受中华优秀传统文化，培养了学生对获取的史料进行分类、辨析的能力。通过辨析泡菜在我国东北和四川盛行的地理环境因素等活动，帮助学生理解发酵技术与地理环境的关系。通过设计适宜的发酵容器，规范发酵技术操作流程，促进学生的分析、建模等科学思维以及探究与实践能力的发展。通过动手尝试古法制作泡菜，让学生亲身体验发酵食品的制作过程，理解发酵技术在食品生产方面得到广泛运用，培养学生积极的劳动态度、劳动能力以及敢于创新的精神。</td></tr>
</table>

案例9：诗经中的生物世界

设计背景

中国，一个拥有数千年历史文化的文明古国，《诗经》无疑是其深厚的文化底蕴中璀璨的明珠。这部古老的诗歌总集不仅记录了古人的智慧与情感，更以生动的笔触描绘了丰富多彩的植物和动物世界。在《诗经》中，我们可以看到古人对自然生态的细腻观察与深刻体悟，对植物生长的赞美，对动物习性的描绘，体现了古人对自然生态的敬畏与热爱。

在初中生物课程中，植物栽培和动物饲养是重要的跨学科实践环节，学生通过亲手种植、照料植物，或饲养、观察动物，能够直观地了解生物的生长规律和特性，培养对自然生物的关爱之情。因此，将《诗经》中与植物和动物相关的内容与生物学实践活动相结合，不仅是跨学科的学习与探索，更是对传统文化的传承与弘扬。

本次作业设计旨在让学生通过研读《诗经》中的相关诗篇，结合植物栽培和动物饲养的实践活动，深入理解生物的生长特性和习性，感受古人对自然生态的敬畏与热爱，培养跨学科的综合素养和创新能力，《诗经·周南》中的“采采卷耳，不盈顷筐”便描述了卷耳(苍耳)的采摘场景。卷耳(苍耳)作为一种常见的野生植物，其生长特性简单，适合初中生以多种方式进行栽培，从而结合《诗经》进行跨学科的学习与探索。

续表

作 业 目 标
(1)通过研读《诗经》中描述卷耳(苍耳)的诗篇，将文学描述与生物学知识相结合，培养跨学科思维能力和文学鉴赏能力，深入理解生物多样性的文化价值。 (2)通过对卷耳(苍耳)的播种、扦插、分株等多种栽培方式的实践，观察并记录植物的生长过程，培养对生命现象的好奇心和探究欲，形成科学的生命观念，同时提升实验操作和数据分析能力。 (3)通过亲手栽培卷耳(苍耳)，学生将学会珍惜生命、关爱自然，形成健康的生活方式和生态价值观。
作 业 内 容
作业一：研读《诗经》与植物绘图 (1)研读《诗经》中描述卷耳(苍耳)的诗篇，如《诗经·周南·卷耳》，理解古人对卷耳(苍耳)的描绘及其文化内涵。 (2)根据诗篇中对卷耳(苍耳)的描述，尝试绘制卷耳(苍耳)的简图或插画，展现其形态特征和文化寓意。 **作业二：卷耳(苍耳)的栽培实践与影响因素探究** (1)准备卷耳(苍耳)的种子或幼株，并选择播种、扦插、分株等多种栽培方式进行实践。记录每种栽培方式的具体步骤和注意事项。 (2)在栽培过程中，观察并记录卷耳(苍耳)的生长情况，包括发芽时间、生长速度、叶片形态等。 (3)探究影响卷耳(苍耳)成活的生物因素(如种子质量、病虫害等)和非生物因素(如土壤、水分、光照、温度等)。设计实验方案，观察并记录不同因素对卷耳(苍耳)生长的影响。 (4)撰写一份详细的栽培日志和影响因素探究报告，记录每天的观察结果、植物生长变化以及实验过程和结果。 **作业拓展：对比分析与实践感悟** (1)将栽培日志和影响因素探究报告与《诗经》中描述卷耳(苍耳)的篇章进行对比分析，找出其中的异同点，并思考原因。 (2)撰写一篇实践感悟，分享在栽培卷耳(苍耳)过程中的体会和收获，包括对植物生长规律的理解、对传统文化的感悟以及对生态环境的认识等。
作 业 评 价
利用评价量表开展自评、互评、师评等多主体评价方式对作业完成过程进行评价。 **作业一：研读《诗经》与植物绘图**

序号	评价内容	评星	自评	互评
1	团队分工合作，小组成员积极参与。	☆☆☆		
2	查找的资料翔实，对资料的分析和解释合理、准确。	☆☆☆		
3	介绍观点时，语言流畅、条理清晰。	☆☆☆		

续表

作业二：卷耳(苍耳)的栽培实践与影响因素探究

序号	评价内容	评星	自评	互评
1	设计独特、富有创意，体现园林艺术的特点和生物多样性的理念。	☆☆☆		
2	材料合适、易于操作，符合设计主题和环保要求。	☆☆☆		
3	模型制作精细、结构稳定，细节处理到位。	☆☆☆		
4	团队成员分工合理，合作默契。	☆☆☆		
5	展示清晰、有说服力、反思深入，能提出有效的改进措施。	☆☆☆		

作业设计意图

本次作业设计旨在通过研读《诗经》与植物栽培实践作业相结合的方式，让学生深入理解传统文化的魅力，同时掌握植物栽培的基本技能。

1. 跨学科融合，深化理解

本次作业通过将文学与生物学知识相融合，旨在帮助学生从不同角度深入理解所学知识。研读《诗经》不仅让学生领略古代文学之美，同时也为他们打开了一扇了解植物生长特性和文化内涵的窗口。这种设计思路有助于培养学生全面的思考能力和对传统文化的深厚情感。

2. 融入传统文化，传承智慧

作业设计特意选取了《诗经》这一中国文化经典作品，旨在让学生在完成作业的过程中，感受中国传统文化的博大精深。《诗经》作为中华文化的瑰宝，其中蕴含着丰富的哲学思想、道德观念和审美追求。通过研读和绘图，学生不仅能够学习到具体的文化知识，更能在潜移默化中接受中国传统文化的熏陶，实现文化的传承与发展。

3. 实践探究，提升能力

栽培实践和影响因素的探究环节，不仅锻炼了学生的动手能力和科学思维，也让他们在实际操作中体验到了科学探索的乐趣。这种以实践为基础的学习方式，有助于提升学生的综合素质和创新能力，为其未来发展奠定坚实基础。

4. 生态教育，培养责任意识

在栽培卷耳(苍耳)的过程中，学生将深刻体会到植物与生态环境的紧密联系，从而激发出对自然生态的敬畏之心和保护意识。这种生态教育不仅有助于培养学生的环保观念，更能让他们在实际行动中践行绿色发展理念，为构建美好的生态环境贡献自己的力量。同时，也体现了中国传统文化中“天人合一”的哲学思想，引导学生与自然和谐相处。

续表

其他参考资料
《诗经》是中国最早的诗歌总集，其中记载了许多植物，这些植物大多在古代中国北方地区种植。然而，广东位于中国南方，气候和土壤条件与北方有所不同。尽管如此，仍有一些《诗经》中提到的植物适合在广东种植。以下是一些例子： 1. 稻(Oryza sativa)：《诗经》中有许多诗篇提到稻，如“十月获稻，为此春酒，以介眉寿”。广东的气候适宜水稻生长，因此稻是广东的主要粮食作物之一。 2. 黍(Panicum miliaceum)：《诗经》中的“黍离”篇提到了黍。黍是一种耐旱作物，虽然广东的气候湿润，但在一些排水良好的地方仍然可以种植。 3. 稷(Setaria italica)：《诗经》中的“黍稷重穋”篇提到了稷。稷是一种耐旱、耐盐碱的作物，适应性较强，可以在广东的一些丘陵地区种植。 4. 菽(Glycine max)：《诗经》中的“采菽采菽”篇提到了菽，即大豆。大豆在广东的气候条件下生长良好，是广东重要的经济作物之一。 5. 梓(Catalpa ovata)：《诗经》中的“维桑与梓”篇提到了梓。梓是一种落叶乔木，适应性强，可以在广东的丘陵和山地种植，用于制作家具和建筑材料。 6. 柏(Cupressus funebris)：《诗经》中的“柏舟”篇提到了柏。柏树在广东的气候条件下生长良好，常用于园林绿化和制作盆景。 7. 荷(Nelumbo nucifera)：《诗经》中的“山有扶苏，隰有荷华”提到了荷花。荷花在广东的气候条件下生长旺盛，是广东园林中常见的观赏植物。 8. 郁(Rosa chinensis)：《诗经》中的“维士与女，伊其相谑，赠之以勺药”中的“勺药”即指芍药，而芍药属于蔷薇科，与郁李(Prunus japonica)等植物相近。这些植物在广东的气候条件下也能生长良好。 9. 芹(Apium graveolens)：《诗经》中的“言采其芹”提到了芹菜。芹菜在广东的气候条件下生长良好，是广东人餐桌上的常见蔬菜之一。 10. 椒(Zanthoxylum bungeanum)：《诗经》中的“椒聊之实”提到了花椒。虽然花椒原产于中国北方，但经过长期的人工栽培和品种改良，现在广东也能种植。

案例10：中国传统园林艺术探索之旅

设计背景
中国是一个拥有数千年历史文化的文明古国，园林艺术作为中国传统文化的重要组成部分，承载了丰富的历史和文化内涵。中国传统园林艺术追求自然与人文的和谐统一，强调“天人合一”的哲学思想，通过精心设计的山水、建筑、植物等元素，营造出独特的意境和美感。 在初中生物课程中，我们学习了生物多样性及其保护的重要性。生物多样性是指生物圈中各种生物之间的多样性和变异性，包括物种多样性、遗传多样性和生态系统多样性。保护生物多样性对于维护生态平衡、促进可持续发展具有重要意义。 本次作业设计将中国传统园林艺术与初中生物知识相结合，通过设计中国传统园林模型，让学生深入了解园林艺术的特点和生物多样性的重要性，培养学生的创意思维和设计能力，同时增强其环保意识和文化认同感。

续表

作业目标
(1)通过了解中国传统园林艺术的历史和文化背景，增强对国家和民族的认同感，并理解地理环境与生物多样性的关系。 (2)通过实地考察和园林模型设计，探索生物多样性在园林中的应用，培养观察、分析和解决问题的能力，同时提升创新思维和实践能力。 (3)通过设计实践活动，体验园林艺术的创作过程，培养积极的劳动态度和团队协作精神，激发创新意识和勇于实践的精神。
作业内容
活动一：园林艺术与生物多样性探究 1. 研究内容 (1)追溯中国传统园林的起源与发展脉络，探索其背后的社会、文化因素。 (2)分析代表性园林的设计理念和特色，特别关注园林中植物和动物的应用，以及它们如何丰富园林的生态环境和审美体验。 (3)调研传统园林中常用的植物种类及其生态和观赏价值，考察动物在园林中的角色及功能。 (4)探讨生物多样性在传统园林生态平衡中的贡献。 2. 成果形式 研究报告，应包含园林艺术历史与文化分析、生物多样性应用与价值探讨等内容。 **活动二：园林模型设计与制作实践** 1. 实践内容： (1)结合活动一的研究内容，构思融合传统园林艺术与生物多样性的模型设计方案。须确定模型的主题、风格和规模，规划山水、建筑、植物、动物等元素的布局，并绘制详细的设计草图，标明各元素的位置、尺寸和特色，为模型制作提供准确指导。 (2)选择适合的材料(如泡沫板、石膏、木材等)和工具(如刀、锯、砂纸等)，开始模型制作。按照设计草图逐步雕刻、拼接和打磨，构建山水、建筑等实体元素。精心选择和搭配植物(可以使用仿真植物或小型盆栽植物)，以及摆放动物模型(如小鸟、金鱼等)，增强模型的生动性和真实感。在模型制作完成后，进行班级或学校组织的展示活动，并与同学和老师交流设计心得。 (3)在班级或学校组织的展示活动中，呈现自己的园林模型，并附上详细的设计说明和制作过程介绍。与同学和老师交流设计心得，分享在制作过程中遇到的挑战和解决方法。总结整个设计实践过程中的收获与不足，思考如何改进和完善自己的园林设计技能。 2. 成果形式 完成的园林模型、设计说明、制作过程介绍及反思报告。 **活动拓展：现代园林设计中的生物多样性研究** 1. 研究内容 (1)探究现代园林设计中如何融入生物多样性保护的理念。 (2)分析现代园林如何在植物选择、空间布局等方面促进生物多样性的发展。 (3)收集并研究国内外成功的现代园林设计案例，了解其如何在保持艺术美感的同时，实现生态功能的最大化。 2. 成果形式 研究报告，应包含现代园林设计中生物多样性的应用实例、保护与促进策略等内容。

续表

作 业 评 价

利用评价量表开展自评、互评、师评等多主体评价方式对作业完成过程进行评价。

活动一：园林艺术与生物多样性探究

序号	评 价 内 容	评星	自评	互评
1	团队分工合作，小组成员积极参与。	☆☆☆		
2	查找的资料翔实，对资料的分析和解释合理、准确。	☆☆☆		
3	介绍观点时，语言流畅、条理清晰。	☆☆☆		

活动二：园林模型设计与制作实践

序号	评 价 内 容	评星	自评	互评
1	设计独特、富有创意，体现园林艺术的特点和生物多样性的理念。	☆☆☆		
2	材料合适、易于操作，符合设计主题和环保要求。	☆☆☆		
3	模型制作精细、结构稳定，细节处理到位。	☆☆☆		
4	团队成员分工合理，合作默契。	☆☆☆		
5	展示清晰、有说服力，反思深入，能提出有效的改进措施。	☆☆☆		

作业设计意图

本次作业设计旨在通过三个核心活动，引导学生深入理解园林艺术的历史与文化、实践园林设计与制作、并拓展对现代园林设计中生物多样性的认识。

1. 深化历史文化理解

通过活动一“园林艺术与生物多样性探究”，学生将追溯中国园林艺术的发展脉络，探究园林设计中的自然与文化内涵。这有助于学生建立起对传统园林文化的深厚感情，同时提升他们的历史文化素养。

2. 培养实践能力与创新思维

活动二“园林模型设计与制作实践”是本次作业的核心环节。通过动手制作园林模型，学生不仅能够将理论知识应用于实践，还能在此过程中锻炼创新思维和团队协作能力。这种实践性的学习方式能够激发学生的学习兴趣，培养他们的动手能力和解决问题的能力。

3. 提升跨学科整合能力

园林设计涉及多个学科领域，如艺术、生态、建筑等。通过本次活动，学生需要综合运用所学知识，将不同学科的知识和技能进行整合。这将有助于提升学生的跨学科整合能力，为他们未来的学习和工作打下坚实基础。

4. 拓宽国际视野

活动拓展“现代园林设计中的生物多样性研究”将引导学生关注国际前沿的园林设计理念和实践。通过研究国内外成功的现代园林设计案例，学生将了解不同文化背景下的园林设计特点，拓宽自己的国际视野。

综上所述，本次作业设计旨在通过综合性、实践性和创新性的活动，全面提升学生的历史文化素养、实践能力、创新思维和跨学科整合能力，同时拓宽他们的国际视野，为其全面发展奠定坚实基础。

案例11:《黄帝内经》与健康方案设计

设计背景

随着健康意识的日益增强，初中生作为未来社会的重要力量，其健康习惯的培养显得尤为重要。为了引导学生关注自身健康，了解并实践中医的健康理念，本次作业设计将《黄帝内经》这一中医经典之作融入初中生物学课程。

《黄帝内经》不仅是一部医学巨著，更蕴含了深厚的健康哲学。它强调“天人合一”的思想，倡导顺应自然、调和阴阳、饮食有节、起居有常等原则。这些原则与现代生物学的知识相互补充，为初中生的健康规划提供了宝贵的指导。

通过将《黄帝内经》的健康规划理念与初中生物学知识相结合，本次作业设计旨在让学生更深入地了解中医的养生智慧，并引导他们将所学应用到日常生活中。通过实践健康方案，学生不仅能够提升自我管理能力，还能养成健康的生活方式，为未来的成长和发展奠定坚实的基础。

作业目标

(1)通过深入研读《黄帝内经》中的养生篇章，识别和推断其中描述的人体各系统功能，初步形成人体结构与功能相适应的观念，理解中医健康理念如何与人体生理结构紧密相连，进一步认识身体健康对个体的生活带来的积极影响。

(2)通过自主设计健康方案，学会运用科学的方法和逻辑推理来验证健康理念的合理性，探究中医健康理念与现代生物学知识之间的联系，提升分析问题和解决问题的能力。

(3)通过实践健康方案并分享经验，增强社会责任感，意识到个人健康行为对家庭和社会的积极影响，培养关注公共健康、传播健康知识的意识。

作业内容

活动一:《黄帝内经》中的健康思想分析

在本活动中，学生将深入研读《黄帝内经》的养生篇章，并结合初中生物学中关于人体健康的相关知识，进行案例分析。

(1)经典研读：学生需精选《黄帝内经》中关于健康的经典论述，进行深入研读和理解。

(2)案例分析：学生需结合生物学知识，如人体的消化系统、免疫系统、内分泌系统等，选取与健康相关的案例进行分析。例如，可以探讨如何通过调整饮食来维护消化系统的健康，或者如何根据人体生物钟规律调整作息时间来优化内分泌系统的功能。

活动二：健康方案的设计与展示

在本活动中，学生将根据《黄帝内经》的养生理念和自身情况，设计个性化的健康方案，并进行展示。

(1)方案设计：学生需综合考虑自己的体质、生活环境、饮食习惯等因素，设计出切实可行的健康方案，具体应包括饮食、运动、作息、情志等多个方面。

续表

(2)方案展示：学生需通过 PPT、海报或视频等形式，将自己的健康方案进行展示，并在展示过程中需详细阐述方案的设计思路、实施方法和预期效果。

(3)互动交流：在展示结束后，学生之间需进行互动交流，分享各自的设计心得，提出改进建议，共同完善健康方案。

活动三：健康方案的实践与记录

为了检验健康方案的实效性和可行性，学生需将设计的健康方案付诸实践，并进行详细记录。

(1)方案实践：学生需按照自己设计的健康方案进行为期一个月的实践。实践过程中需严格遵守方案中的各项规定，如饮食调整、运动计划等。

(2)实践记录：在实践过程中，学生需每天记录自己的身体变化、感受以及方案的执行情况，如采用日记、表格或图表等形式，以便后续分析和总结。

(3)效果评估：实践结束后，学生需对自己的健康方案进行效果评估。评估可以包括身体健康状况的改善、精神状态的提升等方面。通过评估结果，学生可以对自己的健康方案进行优化和调整。

作 业 评 价

利用评价量表开展自评、互评、师评等多主体评价方式对作业完成过程进行评价。

活动一：健康方案的设计与展示

序号	评 价 内 容	评星	自评	互评
1	方案设计合理，符合个人实际情况。	☆☆☆		
2	方案内容全面，涵盖饮食、运动、作息等方面。	☆☆☆		
3	展示形式新颖，能吸引他人注意。	☆☆☆		
4	阐述清晰，逻辑性强，易于理解。			
5	互动交流积极，能提出建设性意见。			

活动二：健康方案的记录与实践

序号	评 价 内 容	评星	自评	互评
1	严格遵循方案，执行力度高。	☆☆☆		
2	记录详细，能反映身体变化。	☆☆☆		
3	实践过程中无重大偏差。	☆☆☆		
4	效果评估客观，能反映方案实效。	☆☆☆		
5	对方案进行优化，体现反思能力。	☆☆☆		

续表

作业设计意图
综上所述，本次作业设计的意图在于通过研读《黄帝内经》中的相关篇章，使学生了解并体会中医养生智慧；通过设计、展示和实践个性化的健康方案，培养学生的实践能力和自我管理能力；同时，关注学生的个体差异和需求，促进中医与生物学的学科融合，为学生的全面发展奠定坚实基础。 1. 弘扬传统文化 通过深入研读《黄帝内经》中的相关篇章，我们希望学生能够领略到中医文化的博大精深，理解并传承其中的健康智慧。这不仅有助于培养学生对传统文化的热爱与尊重，更能够让他们在实际生活中践行这些古老的智慧，从而实现传统文化的活态传承。 2. 培养实践能力 本次作业设计强调实践性，要求学生不仅设计出符合自身情况的健康方案，还要进行实际的展示与实践。这一过程旨在锻炼学生的实践能力，让他们学会如何将理论知识转化为实际行动。同时，通过长期的健康实践，学生还能够提升自我管理能力，逐渐形成健康、科学的生活方式。 3. 关注个体差异 每个学生都是独一无二的，他们的体质、生活环境以及健康需求都各不相同。因此，我们鼓励学生根据自身的实际情况，设计出个性化的健康方案。这样不仅能够更好地满足学生个体差异的需求，还能够培养他们的自我认知和自主决策能力。 4. 促进学科融合 将中医养生理念与生物学知识相结合，是本次作业设计的又一大亮点。这种跨学科的学习方式，不仅能够打破学科壁垒，促进学生的全面发展，还能够让他们在实际操作中感受到不同学科之间的内在联系与互补性。通过这样的学习方式，我们希望学生能够形成更加开阔的知识视野和更为系统的思维方式。
其他参考资料
《黄帝内经》中的健康知识涵盖了饮食、运动、经络、气血、平衡以及预防等多个方面，强调人与自然的和谐共生，以及通过调整生活方式来促进身体健康。 1. 饮食 (1)《黄帝内经》强调“善耕种，节饮食”，指出饮食是影响健康的关键。 (2)对于中老年人，建议饮食少油少盐，有粗有细，分餐多次，多吃新鲜水果蔬菜。 (3)饮食应顺应四时变化，春吃甘以养脾，夏吃辛以养肺，秋吃酸以护肝，冬吃苦以补肾。 2. 顺时 (1)《黄帝内经》提倡“智者之生也，必须顺四时而避寒暑”，即要顺应四时变化。 (2)强调每个季节有其独特的气机特点，人与自然应和谐共生。 3. 运动 (1)《黄帝内经》指出“生病起于过用”，但适度运动对健康有积极作用。

续表

(2)推荐的运动方式包括散步、太极拳、八段锦、五禽戏等，旨在调和身体气血，增强免疫力。 (3)运动需适度，避免过度或不足。 4. 经络 (1)《黄帝内经》认为“经络者，决生死，处百病，调虚实”，经络是气血运行和脏腑联系的通道。 (2)强调了保持经络通畅的重要性，可通过导引、按摩等方法进行经络养生。 5. 气血 (1)《黄帝内经》提出“气血以并，阴阳相倾”，强调气和血是滋养人体的宝贵物质。 (2)养气血的关键在于养肝，春季是养肝的最佳时节。 6. 平衡 (1)《黄帝内经》强调“阴阳者，天地之道也，万物之纲纪”，提出人体有阴阳虚实，疾病也有阴阳虚实。 (2)应重在避免阳气与阴气的过度损耗，通过午睡、食补等方法调节人体自身的阴阳平衡。 7. 预防 (1)《黄帝内经》主张“未病先防，既病防变”，强调在生病之前进行预防。 (2)应注重细节，切莫让小病变成大病。 此外，《黄帝内经》中还包含了许多具体的健康食谱，如粳米百合粥、小米红枣糕、紫菜豆腐汤等，这些食谱旨在让人们通过食物来调养身体，促进健康。

案例12：广式面点“黄金糕(鱼翅糕)”的制作

设计背景
广式面点，以其精细的制作工艺和独特的口感赢得了广大食客的喜爱。其中，“黄金糕(鱼翅糕)”更是广式面点中的佼佼者，其松软细腻的口感、香甜适中的味道，让人回味无穷。“黄金糕(鱼翅糕)”作为中华美食文化的重要代表，其制作过程中蕴含着丰富的生物学原理，尤其是发酵技术原理。 为了让学生更直观地理解生物学知识在实际生活中的应用，同时增强对中国传统文化的认同感，教师设计了以“黄金糕(鱼翅糕)”制作为主题的初中生物学作业。通过这一实践活动，学生不仅能够学习生物学中的发酵原理，还能深入了解“黄金糕(鱼翅糕)”这一传统美食的历史背景、制作技艺和文化内涵。 通过亲手制作“黄金糕(鱼翅糕)”，学生将更深入地理解生物学与传统文化之间的紧密联系，从而激发他们对生物学和传统文化的兴趣和热爱。

续表

作业目标
(1)通过"黄金糕(鱼翅糕)"的制作过程，理解生物发酵技术的原理，加深对生命现象和生物活动的认识，培养正确的生命观念。 (2)在实践中观察、记录和分析面团发酵的过程，培养观察能力、实验能力以及批判性思维，形成科学的思维方式。通过探究"黄金糕(鱼翅糕)"制作过程中的生物学问题，如发酵条件对面团发酵的影响等，提高学生的科学探究能力和实验设计能力。 (3)通过了解"黄金糕(鱼翅糕)"这一传统美食的文化背景和历史意义，使学生认识到传统文化的重要性，激发其传承和保护传统文化的意识，培养其社会责任感。
作业内容
作业一：黄金糕发酵原理初探 1. 资料收集与整理 (1)学生需通过图书馆、网络等途径，收集关于黄金糕发酵原理的相关资料。 (2)整理并归纳收集到的信息，形成对黄金糕发酵原理的初步认识。 2. 学习发酵基础知识 (1)了解发酵的定义、过程及其在面点制作中的重要性。 (2)学习酵母的种类、作用及其在发酵过程中的活动原理。 3. 探究影响黄金糕发酵孔形状变化的因素 (1)研究黄金糕的特殊发酵工艺，包括使用的酵母类型、发酵条件等。 (2)分析黄金糕形成独特蜂窝状纹理的发酵原理，理解温度、湿度等因素如何影响纹理的形成。 **作业二：马拉糕制作与评价** 1. 准备制作材料与工具 (1)根据马拉糕的传统配方，准备所需的原材料，如面粉、糖、鸡蛋、熟猪油等。 (2)准备制作马拉糕所需的工具，如蒸锅、搅拌器、模具等。 2. 按照传统方法制作马拉糕 (1)按照配方比例将原材料混合并搅拌均匀，形成面糊。 (2)将面糊倒入模具中，注意控制面糊的量和形状。 (3)将模具放入预热好的蒸锅中进行蒸煮，直至马拉糕熟透。 3. 品尝与初步评价 (1)取出蒸好的马拉糕，进行冷却后品尝。 (2)根据口感、风味和外观等方面对马拉糕进行初步评价。 (3)邀请同学、教师或家人品尝自己制作的马拉糕。 (4)收集他们的反馈和评价，了解他们对马拉糕的整体印象和改进建议。 4. 撰写制作与评价报告 (1)根据制作过程和品尝结果，撰写一份关于马拉糕制作与评价的报告。 (2)报告中需包含制作步骤的描述、个人品尝感受、他人评价以及改进建议的汇总和分析。

续表

作业评价

利用评价量表开展自评、互评、师评等多主体评价方式对作业完成过程进行评价。

作业一：黄金糕发酵原理初探

序号	评价内容	评星	自评	互评
1	资料收集的完整性与准确性。	☆☆☆		
2	发酵基础知识的掌握程度。	☆☆☆		
3	对黄金糕特殊发酵工艺的理解程度。	☆☆☆		
4	蜂窝状纹理形成原理的分析。	☆☆☆		
5	研究报告的条理性和逻辑性。	☆☆☆		

作业二：马拉糕制作与评价

序号	评价内容	评星	自评	互评
1	原材料准备与配方比例的准确性。	☆☆☆		
2	制作步骤的规范性与熟练度。	☆☆☆		
3	马拉糕的口感、风味与品质。	☆☆☆		
4	外观与色泽的呈现。	☆☆☆		
5	对他人评价的反思与总结能力。	☆☆☆		

作业设计意图

本次作业设计旨在通过两个实践活动——黄金糕发酵原理初探和马拉糕制作与评价，来深化学生对食品科学、尤其是发酵面食制作原理的理解与实践能力。

作业一的设计旨在引导学生通过系统的资料搜集、整理和分析，建立对发酵科学的基本认识。在这一过程中，学生不仅能掌握发酵的基本原理，还能了解不同因素对发酵过程的影响，从而培养他们的科学探究能力和逻辑思维能力。此外，通过深入探究黄金糕独特的发酵工艺和蜂窝状纹理的形成原理，学生能够更加深入地理解传统食品制作的精湛技艺和文化内涵。

作业二的设计则侧重于培养学生的动手能力和实践操作技能。通过亲手制作马拉糕，学生能够亲身体验面点制作的乐趣和挑战，同时加深对食品科学原理的理解。在制作过程中，学生需要遵循一定的制作步骤和规范，这有助于培养他们的规范意识和细致的工作态度。此外，通过品尝和评价自己制作的马拉糕，学生能够直观地感受到食品制作的成果和满足感，从而激发对食品科学的兴趣和热情。同时，邀请他人品尝并收集评价，还能培养学生的沟通协作能力和自我反思能力。

总之，本次作业设计旨在通过两个实践作业，培养学生的科学探究能力、实践操作技能、规范意识、沟通协作能力和自我反思能力，使他们能够更好地理解和应用食品科学知识，为未来的学习和生活打下坚实的基础。

续表

其他参考资料
 黄金糕本名叫作蜂窝糕，发源于南洋，是南洋娘惹糕的一种，黄金糕是该糕流传至广东之后的别名。此糕的重要原材料就是南洋木薯，成品呈蜂窝状，所以被称为蜂窝糕，又因为切片后呈鱼翅丝状，又被称为鱼翅糕。 黄金糕的特殊纹理主要是由其独特的制作工艺和发酵要求形成的。通过精确控制发酵时间和温度，以及特定的搅拌技巧，使得糕点在烘烤时形成了独特的蜂窝状纹理，这种纹理不仅美观，也赋予了黄金糕独特的口感和风味。 （1）发酵过程：黄金糕的发酵是关键步骤，需要控制好温度和时间，以确保发酵效果。通常，发酵温度控制在35℃左右，发酵时间根据面糊的厚度和温度调整，以确保面糊充分发酵但不过度。 （2）烘烤技巧：烘烤时，通常采用先下火后上火的温度设置，以及适当的烘烤时间，以形成金黄色的外观和细腻的蜂窝纹理。

第四节　中华传统文化融入试题命制

一、中华传统文化融入试题命制的思路及策略

（一）中华传统文化融入试题命制的必要性

1. 政策指导

党的十八大以来，习近平总书记作出一系列关于继承和弘扬中华优秀传统文化的重要论述。尤其是 2017 年 1 月，中共中央办公厅、国务院办公厅印发了《关于实施中华优秀传统文化传承发展工程的意见》（以下简称《意见》），并要求各地区各部门结合实际认真贯彻落实，表明了党和国家坚定民族文化自信、传承与弘扬中华优秀传统文化的态度、立场和决心，为传承与发展中华优秀传统文化提供了根本遵循和依据。

《意见》中明确提出，文化是民族的血脉，是人民的精神家园。文化自信是更基本、更深层、更持久的力量。中华文化独一无二，它具有的独特理念、智慧、气度、神韵，增添了中国人民和中华民族内心深处的自信和自豪。实施中华优秀传统文化传承发展工程，对于传承中华文脉、全面提升人民群众文化素养、维护国家文化安全、增强国家文化软实力、推进国家治理体系和治理能力现代化具有重要意义，是建设社会主义文化强国的重大战略任务。《意见》中对于实施中华优秀传统文化传承发展工程的总目标进行了明确规定：至 2025 年，中华优秀传统文化传承发展体系基本形成，研究阐发、教育普及、保护传承、创新发展、传播交流等方面协同推进并取得重要成果，具有中国特色、中国风格、中国气派的文化产品更加丰富，文化自觉和文化自信显著增强，国家文化软实力的根基更为坚实，中华文化的国际影响力明显提升。

此外，《意见》中还明确指明了中华优秀传统文化传承发展工程的基本原则、主要内容和重点任务，为各级各部门在实施传统文化传承发展工程时提供思想指导与任务指引，为该工程的逐级逐步实施提供了政策支撑和理论保障。《意见》中要求各地区各部门在实施传统文化传承发展工程时，要坚守以下原则：第一，要牢牢把握社会主义先进文化的前进方向，做到坚持以人民为中心的工作导向，不能背离社会发展要求与人民意识；第二，在传统文化的传承发展中，要坚持传统文化的创造性转化和创新性发展，使传统文化焕发新的生命力，与时俱进。第三，要坚持交流互鉴、开放包容原则，兼容并蓄，在交流中发展与传承。《意见》中指明了各级各部门实施传统文化传承发展工程的主要内容，既要大力弘扬讲仁爱、重民本、守诚信、崇正义、尚和合、求大同等核心思想理念；还要大力弘扬自强不息、敬业乐群、扶危济困、见义勇为、孝老爱亲等中华传

统美德；此外，有利于促进社会和谐、鼓励人们向上向善的思想文化内容也要进行大力弘扬。

中华传统文化包罗万象，各地区各部门在实施传统文化传承发展工程时，要明确传统文化传承发展工程的重点任务是与实际相结合，多线并进的。《意见》明确指出，各级各部门在传承并发展传统文化时，其中一项重点任务即各地区各部门要发挥教育监督职能，将中华优秀传统文化的传承与发展贯穿国民教育始终。不论是各大学、中职院校、中小学、幼儿园等学校，还是社会教育机构，都应围绕立德树人根本任务，并遵循符合学生生理、心理发展的认知规律及教育教学规律，按照一体化、分学段、有序推进的原则，在学校与教育机构实施的思想道德、文化知识、艺术体育、社会实践等各教育环节中，全方位融入中华优秀传统文化。同时，各学校与各教育机构要形成共识，不仅在教育环节上要融入优秀传统文化，还要将传统文化教育贯穿于启蒙教育、基础教育、职业教育、高等教育、继续教育的各个领域，以实现人民对于传承与发展中华优秀传统文化贯彻始终的目标。《意见》中对于如何进行中华传统文化教育给出了明确的实施建议，如以幼儿、小学、中学教材为重点，构建中华文化课程和教材体系。这些文化课程和教材体系可以是由各级各部门组织构建的，也可以是幼儿园、中小学校在实践过程中建立的校本课程；实施建议中提到还可由教育部门组织修订中小学语文、历史、道德与法治等课程的教材；同时在高校中开设中华优秀传统文化必修课，以及在哲学社会科学及其相关学科专业和课程中增加中华优秀传统文化的内容；并进一步加强建设高校中已有的中华优秀传统文化相关学科，重视保护和发展“绝学”、冷门学科；在职业院校方面，可以推进民族文化传承与创新示范专业点建设；不论是中小学校，还是职业院校、高等院校，都可以推进戏曲、书法、高雅艺术、传统体育等进校园，还可以实施中华经典诵读工程，丰富校园文化。《意见》不仅从形而上的课程建设和教材体系构建方面提出了具体的实施措施，还对传统文化传承与发展的师资建设提出了要求，要加强全体教师的中华优秀传统文化教育培训。同时，《意见》中还强调，各级各部门在传承与发展中华传统文化时，要把中华优秀传统文化的有益思想、艺术价值与时代特点和生产实践要求相结合，与时俱进；要注重中华优秀传统文化与生产实践的融合；要丰富和拓展春节、元宵、清明、端午等传统节日文化内涵，形成新的节日习俗。除此之外，医药、烹饪、武术、典籍、文物、园林以及戏曲、民乐、书法、国画等我国优秀传统文化艺术，不仅能让民众在审美过程中获得愉悦、感受魅力，而且都是各幼儿园、中小学校、职业学校、高等院校及社会教育机构在将传统文化融入各教育环节与教育课程和教材体系中的重要内容。

《意见》颁布后，各级各部门遵照《意见》的指导思想和实施建议开展实践。2021 年 1 月，教育部印发《革命传统进中小学课程教材指南》《中华优秀传统文化进中小学课程教材指南》(以下简称《指南》)。这是中华人民共和国成立以来，教育部首次对中小学课程教材如何有效落实中华优秀传统文化教育作出的顶层设计。《指南》厘清了中小学中华优秀传统文化教育的内涵和边界，解决了“进什么、进多少、如何进”的问题，对中华优秀传统文化进中小学课程教材的相关标准要求进行了完善。《指南》的着眼点是文化传承和以文化人。《指南》中明确了核心思想理念、中华人文精神和中华传统美德三大内容主题，引导学生以客观、科学、礼敬的态度对待中华传统文化，取其精华、去其糟粕；引导学生结合时代特点和要求为中华传统文化注入新的时代精神，丰富传统文化的内涵，促进中华优秀传统文化创造性转化和创新性发展。在中小学校教育中，贯彻落实《指南》，首先，要以立德树人为根本，引导学生形成正确的历史观、民族观、国家观、文化观，强化中华民族的归属感、认同感、尊严感、荣誉感，坚定“四个自信”。其次，由于课程教材是落实中华优秀传统文化教育的重要载体。贯彻落实《指南》时，要以《指南》对中小学课程教材的总体目标、主题内容、学段要求、学科安排等明确要求为指导，实现中华优秀传统文化教育的纵向衔接和横向贯通。再次，贯彻落实《指南》时，要积极探索新的教学实施方式，如结合时代特点，积极打造“课内+课外、校内+校外、线下+线上”的教学新样态。同时，鼓励学校发挥主导作用，如在落实课堂教学主渠道的同时，积极倡导与探索跨学科主题教学，并大力开展劳动教育、综合实践活动，在活动中强化实践体验。学校还要重视中华优秀传统文化教育与各种主题教育活动、社团活动、校园文化建设等的有机融合。因此，贯彻落实《指南》时，要完善考评机制，科学合理考查中小学校落实优秀传统文化教育的效果。

2019 年，教育部在《关于加强初中学业水平考试命题工作的意见》中进一步指出，考试命题工作应“弘扬中华优秀传统文化、革命文化和社会主义先进文化，引导学生树立正确的国家观、民族观、历史观、文化观和宗教观”。2020 年 1 月，教育部考试中心发布了《中国高考评价体系》(以下简称《体系》)，其中提出，素质教育的考查目标是“核心价值、学科素养、关键能力、必备知识”。其核心价值的一级指标之一就是“政治立场和思想观念”，它包括了认同中华文化，弘扬中华优秀传统文化。在 2020 年 10 月，中共中央、国务院印发了《深化新时代教育评价改革总体方案》，进一步规范了学业水平考试、深化考试命题改革，完善综合素质评价等内容。且明确提出在初、高中学业水平考试命题和高考命题中要注重从多个维度加大学生中华优秀传统文化素养的考查力度，加强学生人文底蕴、文化修养等素养考查，以反映学生素养发展状况；并以道德与法治(思想政治)、语文、历史、艺术等学科内中华优秀传统文化教育相关内容的质量监测，反映区域和学校教育状况；还应当将中华优秀传统文化教育情况纳入各地各学校教育综合质量评价的重要指标。多项措施并举将教育评价的导向作用发挥到最大，以此推动中小学中华优秀传统文化教育取得新突破。最后，贯彻落实《指南》时，一定要围绕《指南》中的内容主题和载体形式，结合各学科各学段的学习特点，采取"请进来"与"走出去"相结合、线上线下齐上阵等方式，开展多渠道、多层次、多形式的培训，提升师资水平，为中小学中华优秀传统文化教育长远发展提供关键支撑。同时，应以《指南》为引领，统筹考虑中华优秀传统文化教育各关键环节，强化责任落实，精准发力，为全面建设社会主义现代化提供内驱力。此外，贯彻落实《指南》，要加强资源整合，切实发挥各类党史纪念馆、博物馆、党史遗址在革命传统教育中的重要作用，推进革命传统教育。

2. 课程标准要求

《义务教育生物学课程标准(2022年版)》(以下简称《课程标准》)的前言明确，课程教材在学校教育中要发挥培根铸魂、启智增慧的作用，不仅要体现中国和中华民族的风格，体现国家和民族的基本价值观，还要体现人类文化知识的积累和创新成果。《课程标准》的修订原则明确提出要将中华优秀传统文化这一重大主题教育有机融入课程，增强课程思想性。《课程标准》在教材编写建议中提出，教材的内容要关注人文素养培养。在教材编写中，要充分利用我国古代在生物学方面的探索发现、实践成就，引导学生感悟中华民族智慧，培养家国情怀，增强文化自信。

3. 现状分析

在国家政策和新课标思想的指导下，除了各级各部门主导实施的各类中华传统文化传承与发展工程外，各级学校和教师们进行了大量的实践和尝试，如很多幼儿园将传统节日融入教学。我国的传统节日大致分为庆祝类、祭祀类和情怀类，不同的节日具有极为丰富的文化特征和内涵。传统节日的教育价值可归纳为道德规范、爱国主义精神和行事准则三方面。例如在端午节，人们采取祭祀屈原的方式来表达爱国之情。很多中小学校主导建立了如国学经典诵读、演绎、传统文化节、黄梅戏社团、围棋社、象棋社等校本课程体系。也有中小学校基于本地资源和学生的日常生活开展传统文化教学，教学内容涵盖了剪纸、面花、皮影、泥塑、刺绣、印染、年画和农民画等九大板块。还有的将民间艺人请入课堂，或者利用省艺术馆、民俗博物馆、农民画艺术中心等平台组织研学旅行，唤醒学生对传统文化的学习和传承意识。一些职业院校和高等院校，开设了传统体育选修课程，如武术、太极、八段锦、射箭、五禽戏等。民族传统体育历经历史发展传承而来，在中华民族伟大复兴征程中具有重大意义，也是促进中华体育精神传播的重要途径。还有一些高等院校开设了如诗词曲赏析与教学、古今汉字教与学等必修课，以及明清小说与教育等选修课。也有一些高校将地域传统文化、中国传统服饰文化融入高校的美育教学。有教师认为，中医药文化中的"自然、社会和人是一个统一的整体""医乃仁术""贵中尚和"等理念与思想政治教育高度契合，提倡将中医药文化融入大中小学的思政教育。有很多教师除了在学校主导建设的传统文化融入教育内容或教育环节的校本课程体系外，还主动在课堂教学中有机融入传统文化，在课堂教学中不断深挖传统文化与学科教学的融合点，并遵循评教一体化的指引，在试题命制中尝试融入各类传统文化内容，以评促教，以评促学。尤其是在贯彻落实《指南》和完善考评机制下，各学科的初、高中学业水平考试近两年来发生了极大的变化，传统文化融入试题命制的比例在增加，考查的范围更加广阔，考查的深度也在加深。

生物学科是自然科学中的一门基础学科，它形成了丰富的知识体系，并以特有的思维方式和探究方法帮助人类认识自然现象和规律，与人类健康、疾病防治、粮食和食品安全、生态环境保护等息息相关。2021 年的高考，在各省的生物学试卷中，均不同程度地融入了不同类型的中华优秀传统文化，如广东卷第 18 题以中华武术太极拳为素材进行设计。河北卷的第 14 题则是将《齐民要术》中记载的荫坑贮存葡萄的方法与现代气调冷藏库结合设置试题情境，并在选项中深度挖掘传统技艺中的生物学知识，同时将传统技艺与现代技术的贮藏原理进行异同比对，既考查了学生对细胞呼吸的原理、过程及影响因素等知识的理解，以及获取信息、综合分析和迁移运用等能力，有助于学生深入地理解传统技术的原理，促进中华传统文化的传承与发展。除了中华古籍中记载的传统技术，还有流传至今并走向世界的传统技艺，也是极佳的命题素材。例如，全国理综乙卷第 37 题，是以我国拥有 3000 多年历史的酱油制作技术为素材，图文并茂地呈现酱油的酿制过程。这些以传统技艺为素材的试题情境，体现了劳动人民的传统智慧，彰显了中华民族悠久的文化历史，坚定了民族文化自信。中华传统文化中的天人合一思想与现代生态文明理念一脉相承，倡导和发展绿色生态，强调生态环境保护，这是生物学教学中培养学生社会责任感的主要内容之一。如湖南卷第 8 题以我国濒危、稀有物种麋鹿的保护、生态环境及生物多样性保护为素材；广东卷第 3 题则以粤港澳大湾区的生态环境改善，水鸟物种多样性增加为素材。这两者均体现了生态学原理在生物多样性保护方面的显著优势，引导学生关注生态问题，提升生态意识，增强学生的生态文明观，渗透"绿水青山就是金山银山"的生态理念，为建设生态文明国家作出力所能及的贡献。生活实践情境是学生在日常生活或社会实践中常见的与生物学相关的现象或问题。细品传统文化的生活情境，既可启发学生思考，形成科学精神和正确的价值观，又可增强学生的文化素养，在无声中传承传统文化。例如，广东卷第 2 题节选自《诗经・葛覃》中的诗句"葛(葛藤)之覃兮，施与中谷(山谷)，维叶萋萋。黄鸟于飞，集于灌木，其鸣喈喈"为素材。该诗句描写的美丽景象构成了自然生态系统。学生阅读文字，结合生活实践，提取关键信息来答题的过程，既是学生进行科学思维的过程，也是学生接受自然美学陶冶、增强文化素养的过程。生物学学科的特征之一是，它是一门实验科学，且科学实验和探究情境主要源于真实的生物学问题情境。很多的生物学实验和科学探究，均可以我国的传统文化中蕴含生物学实验原理的传统技术为素材或问题情境。

4. 意义

在大中小学校教育中有机融入中华优秀传统文化，将优秀传统文化的传承引入课堂，成为学校教育的有机组成部分，让学生从小系统地接触、学习、感受传统文化，并贯穿教育的始终。学生不仅可以从学习中领略中华民族在诗词、书画、音乐、舞蹈、戏剧等方面的独特风格和杰出成就，还可以培养和提升他们的文化素养、审美情趣、艺术水平和创造力。他们还可以从传统文化中了解先贤们对于仁、义、礼、智、信等道德规范的阐述和身体力行，对于忠、孝、节、义的倡导和遵守，对于大同世界的追求和实践，对传统文化的精神理念心生崇敬与向往，进而树立正确的人生观、价值观和世界观，形成良好的道德品质和人格魅力。中华优秀传统文化思想，以及天文、地理、医药、农业等各领域的科技成果，能开拓学生的思维空间，提升逻辑思维能力，为他们今后的创新和发展提供灵感和动力。

总的来说，学生通过对优秀传统文化的学习与感悟，不仅能认识到中华民族的悠久历史和灿烂文化，还能随着学习的逐步深入与年龄的增长，逐步领悟蕴含在这些传统文化中的博大而精深的思想和智慧，感受到祖辈们丰富而多彩的艺术和技艺传承，从而培养对民族和国家的自豪感及归属感，增强文化自信。

在贯彻落实《指南》时，依据教育部颁布的《关于加强初中学业水平考试命题工作的意见》及《中国高考评价体系》，完善考评机制，将优秀传统文化融入学业水平考试等试题命制。此做法不仅能从不同的维度考查学生的传统文化素养，检测传统文化融入学校教育的成效，还能促进学生们在答题过程中更深入地了解我国的优秀传统文化，拓宽视野，进一步增强文化自信和民族自豪感。更重要的是，还能发挥学业评价的导向作用，促进一线教师在日常教学中研究传统文化与课堂教学有机结合的兴趣和动力增强，从而推动一线教师进行更广泛、更深入的钻研，进而对课堂教学、各类教育环节和教育内容中融入传统文化的内容、方式、方法进行重要引导，以此推动传统文化教育的进一步落实，加快我国优秀传统文化传承和发展的步伐。

（二）中华传统文化融入试题命制的原则

1. 基于生物学核心素养

《义务教育生物学课程标准（2022 年版）》中明确提出生物学核心素养由生命观念、科学思维、探究实践、态度责任这四个要素组成。生命观念由结构与功能观、物质与能量观、进化与适应观、生态观等方面组成，是学生从生物学视角去理解和解释生物学相关现象、分析和解决生物学实际问题的意识和思想方法。科学思维则是要求学生在认识事物、解决实际问题的过程中，基于证据和逻辑，运用多种科学方法进行思考和判断的能力与品格。它要求学生既能分析问题，还能对既有的观点和结论进行批判、质疑与包容，甚至能提出一些创造性见解。探究实践包括科学探究和跨学科实践两方面，是学生源于好奇心、现实需求等，解决现实生活中真实情境下的问题或者完成一些实践项目的能力与品格。态度责任是指学生在科学态度、健康意识和社会责任等方面的自我要求和责任担当。这四个要素相互联系，构成统一的整体，形成生物学学科的具体育人目标和任务。《课程标准》在课程实施的评价建议中明确提出，评价须坚持素养导向，从生命观念、科学思维、探究实践、态度责任等方面进行综合评价，既要重视对学生知识理解和应用的评价，又要关注对学生分析、解决具体问题能力的评价，还要注意对学生态度责任的评价。而试题命制恰恰属于评价中的纸笔测试，是一种最基础的评价方式。因此，命制生物学试题时，须围绕学习主题和大概念，聚焦核心素养，凸显育人导向。而中华传统文化作为生物学试题的有机构成部分，教师在将其融入试题命制时，要将传统文化与学习主题以及大概念进行有效的密切联系，创设具有中华传统文化精神的试题情境，聚焦核心素养，考查学生解决实际问题的能力。

2. 基于课程标准的要求

在“以评促教、以评促学”的“教学评”一体化指引下的课程改革背景下，学业考试评价要立足于课程标准。因此，生物学学科命题立意的高远要基于课程标准的基本理念、课程总目标和课程内容。《课程标准》的基本理念提出，生物学学科教学要落实立德树人根本任务，充分发挥学科育人价值；要立足于坚实的生物学科内容基础，融入社会主义核心价值观的基本内容和要求，发展学生核心素养。《课程标准》在课程目标中明确，学生要掌握基本的生物学基础知识和科学思维方法，形成基本的生命观念与科学思维习惯和能力；要具备科学探究和跨学科实践能力，能分析解决真实情境中的生物学问题；确立严谨求实的科学态度，树立健康意识和社会责任感，既乐于探索生命的奥秘，还能够强身健体和服务社会。《课程标准》中的课程内容包含 7 个学习主题：“生物体的结构层次”“生物的多样性”“生物与环境”“植物的生活”“人体生理与健康”“遗传与进化”“生物学与社会 · 跨学科实践”。从内容与结构分析，“生物学与社会 · 跨学科实践”主题与其他 6 个主题相互融合，构成了完整的课程内容体系。因此，在将中华传统文化作为素材融入生物学学科的试题命制时，也必须遵循《课程标准》的要求，严格依标命题，使试题符合《课程标准》的课程目标、内容要求和学业质量要求，保证试题的科学性和规范性。

3. 契合 STSE 理念的精神

《义务教育生物学课程标准(2022 年版)》中明确提出生物学是农业科学、医药科学、环境科学及其他有关科学和技术的基础。当今的生物学发展迅速，且与信息技术、工程技术的结合日益紧密，在人类健康与疾病防治、粮食和食品安全、生态环境保护等方面的影响越来越大。STSE(Science、Technology、Society、Environment，STSE)理念的精神是强调将科学教育与科技发展、工农业生产、社会生活、自然环境紧密结合，使学生学习科学知识的同时，不仅理解科学技术和社会的相互关系，还要理解人与环境之间的关系。因此，在命题过程中，命题精神要契合 STSE 理念。将中华传统文化融入试题命制时，亦要遵循此理念，不能将传统文化命制成刷知识点的题，要深度挖掘中华传统文化与生产实践、社会生活、生态环境等方面的联系，创设有效的问题情境。

4. 体现 SOLO 分类评价理论层次

SOLO 分类评价理论是香港大学教育心理学教授比格斯(J. B. Biggs)首创的一种学生学业评价方法，是一种以等级描述为特征的质性评价方法。SOLO 分类评价理论的思想源头可追溯到著名的儿童心理发展学家皮亚杰提出的发展阶段学说。皮亚杰认为儿童的认知发展具有阶段性，按照由低到高的层次可以分为四个阶段：感知运动阶段、前运演阶段、具体运演阶段和形式运演阶段。20 世纪 70 年代，比格斯的同事在皮亚杰理论的基础上进行细化，将皮亚杰的认知理论细分为五个阶段：前运演阶段、初级具体运演阶段、中级具体运演阶段、具体概括运演阶段、形式运演阶段。但比格斯在与具体学科的学习评价结合进行实践的过程中发现，学生在不同的学科中有着不同的认知表现，同时，儿童的心理发展具有反复性，以致这一理论并不能准确地进行学科的学业水平评价。比格斯在其同事的实践基础上形成了他的思想理论：一个人回答具体问题时表现出来的思维结构与他的总体认知结构没有直接关联。总体认知结构是纯理论且不可测的，而一个人回答具体问题时表现出来的思维结构是可测的，比格斯称之为“可观察的学习成果结构(Structure of the Observed Learning Outcome)”，英文缩写为 SOLO。SOLO 分类评价理论，将学生对某个问题的学习结果由低到高分为五个层次(见图 3-51)。由此，教师可以基于学生对某个具体问题的分析，根据 SOLO 分类评价理论，判断学生在回答此问题时的思维结构处于哪一层次。在生物学学科的试题命制中，结合 SOLO 分类理论，教师可以将考查的生物学知识进行层次划分，有效控制试题的难易程度。在将中华传统文化融入试题命制时，也要体现 SOLO 分类评价理论的层次——既能在学生的答题过程中，润物细无声地传承中华传统文化，又能考查学生的思维结构，同时实现以评促学的目的。

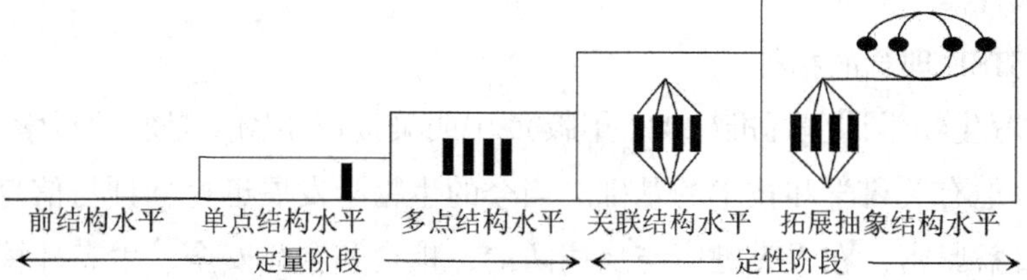

图 3-51　SOLO 的基本定义

（三）中华传统文化融入试题命制策略

1. 明确考查意图

（1）教学目标与考查意图的对应关系

在试题命制过程中，教学目标与考察意图的对应关系是确保试题质量的关键。教学目标是教学活动的出发点和归宿，它明确了学生应达到的必备知识、关键能力和核心素养等方面的要求。而考查意图则是试题设计的核心，它直接反映了试题所要测量的知识点、能力和素养。因此，明确教学目标与考查意图的对应关系，是确保试题能够准确反映教学目标、有效评价学生学习成果的前提。

以生物学教学为例，如果教学目标是培养学生的科学思维能力和对生物多样性的认识，那么试题的考查意图就应该围绕这两个方面展开。例如，可以设计一道关于生物进化理论的试题，要求学生通过分析生物进化的证据，阐述生物进化的基本原理和过程，从而培养学生的科学思维能力。同时，试题还可以融入文化元素，如引用达尔文的名言“物竞天择，适者生存”，让学生在解题过程中感受到生物进化的普遍性和必然性，增强对生物多样性的认识。

在实际操作中，为了确保教学目标与考查意图的对应关系得到充分体现，教师可以采用多种方法。首先，教师可以对教学目标进行细化和具体化，明确每个知识点、能力和素养的具体要求。然后，据此来形成相应的试题，确保试题能够全面覆盖教学目标的要求。此外，教师还可以利用数据分析工具对试题进行质量评估，通过对比学生的答题情况和教学目标的要求，分析试题是否准确反映了教学目标、是否能够有效评价学生的学习成果。

总之，明确教学目标与考查意图的对应关系是试题命制过程中的重要环节。只有确保试题能够准确反映教学目标、有效评价学生的学习成果，才能提高试题的质量、促进学生的全面发展。

（2）考查意图的明确性与具体性

在试题命制过程中，考查意图的明确性与具体性对于确保试题的有效性和针对性至关重要。首先，明确性要求试题设计者清晰地界定考察的知识点和能力点，避免模糊和歧义。例如，在生物学试题中，如果考查意图是检验学生对“光合作用”的理解，那么试题应直接围绕光合作用的原理、过程、影响因素等核心知识点进行设问，确保学生明确知道需要运用哪些知识来解答。

其次，具体性则要求试题设计者将考查意图细化到具体的情境和问题中，使学生能够在实际应用中展示他们的知识和技能。例如，可以设计一个关于“光合作用在农业生产中的应用”的情境试题，要求学生分析不同光照条件下作物光合作用的效率差异，并提出优化光照条件以提高作物产量的建议。这样的试题不仅考察了学生对光合作用原理的理解，还考察了他们将理论知识应用于实际问题的能力。

为了确保考查意图的明确性与具体性，试题设计者可以采用多种策略。一方面，可以借鉴布鲁姆的认知领域教育目标分类理论，将考查意图细分为知识、理解、应用、分析、评价和创造等不同层次，确保试题能够全面覆盖这些层次。另一方面，可以运用情境分析法和任务分析法等教学设计方法，深入挖掘学科知识与现实生活的联系，设计具有真实性和挑战性的试题情境和问题任务。

此外，命题者还需要注意试题的表述方式和语言规范。试题的表述应简洁明了、准确无误，避免使用模糊、歧义或过于复杂的语言。同时，试题的表述还应符合学科规范和学术标准，确保试题的权威性和可信度。

总之，在试题命制过程中，确保考查意图的明确性与具体性是确保试题质量的关键。教师通过明确具体的考查意图和精心设计的试题情境和问题任务，可以帮助学生更好地理解和掌握知识，提高他们的思维能力和解决实际问题的能力。

2. 选取情境素材

(1)情境素材的来源与筛选

在试题命制过程中，情境素材的来源与筛选是至关重要的一环。首先，情境素材的来源需要广泛而多样，以确保试题的丰富性和新颖性，包括但不限于教科书、学术期刊、新闻报道、历史文献、艺术作品以及现实生活中的实际案例。例如，在生物学试题中，可以选取与生物学知识点紧密相关的新闻报道，如基因编辑技术的最新进展，或者引用历史文献中关于生物多样性的描述。同时，艺术作品如绘画、雕塑等也可以作为情境素材的来源，通过艺术的形式展现生物学知识，可以增加试题的趣味性和吸引力。

在筛选情境素材时，教师需要遵循一定的原则和标准。首先，情境素材必须与教学目标和考察意图紧密相关，能够准确反映试题的考察点。其次，情境素材应具有代表性和典型性，能够反映某一领域或某一问题的普遍性和规律性。此外，情境素材还应具有启发性和思考性，能够激发学生的思维能力和创新精神。例如，在筛选生物学试题的情境素材时，我们可以选择那些能够反映生物学基本概念、原理和方法的案例，如细胞分裂的过程、遗传定律的应用等。同时，教师还可以选择那些能够引发学生思考和讨论的案例，如生物多样性保护、生物技术的伦理问题等。

在筛选情境素材的过程中，教师可以借助一些分析模型或工具来提高筛选的效率和准确性。例如，使用 SWOT 分析模型来评估情境素材的优势、劣势、机会和威胁，从而选择那些最符合试题命制要求的素材。此外，还可以利用搜索引擎和数据库等工具来查找和筛选相关的情境素材，以确保试题的时效性和准确性。

综上所述，情境素材的来源与筛选是试题命制过程中的重要环节。通过广泛而多样的来源获取情境素材，并遵循一定的原则和标准进行筛选，才能确保试题的丰富性、新颖性和准确性，从而提高试题的质量和效果。

(2)情境素材与试题内容的匹配度

在试题命制过程中，情境素材与试题内容的匹配度是确保试题质量的关键。恰当的情境素材能够引导学生深入思考问题，激发其学习兴趣，同时有助于学生将所学知识应用于实际情境。

以生物学试题为例，当我们将传统文化元素融入试题时，需要确保这些元素与生物学知识点紧密相关，并能自然地融入试题内容。例如，可以选取“中医理论中的五行学说”作为情境素材，设计一道关于生物体内环境稳态调节的试题。通过引用中医理论中的“五行相生相克”原理，引导学生思考生物体内各种物质和激素之间的相互作用，从而加深对生物体内环境稳态调节机制的理解。这种情境素材与试题内容的匹配度高，不仅能够考查学生的生物学知识掌握情况，还能够培养学生的跨学科思维能力和文化素养。

3. 设定问题任务

(1)问题任务的层次性与梯度性

在试题命制过程中，问题任务的层次性与梯度性对于评估学生的知识掌握程度和思维能力至关重要。在试题设计上，层次性体现为试题应包含从基础知识到高级应用的多个层次，确保学生能够在不同难度级别上展现自己的能力。例如，在生物学试题中，可以设计从简单的概念识别到复杂的问题分析，再到实际应用的综合题，逐步提升学生的解题能力。梯度性则要求试题在难度上呈现逐渐递增的趋势，使学生能够循序渐进地提升解题技巧。

为了实现问题任务的层次性与梯度性，教师可以借鉴布鲁姆的认知领域教育目标分类法。该分类法将认知过程分为记忆、理解、应用、分析、评价和创造六个层次，为试题设计提供了明确的指导。在设定问题任务时，先从记忆层次开始，再逐步过渡到理解和应用层次，最后达到分析和创造层次。这样的设计能够确保试题在难度上呈现梯度递增，同时也能够全面评估学生的思维能力。

以生物学试题为例，教师可以设计如下层次性与梯度性的问题任务：首先，通过选择题或填空题，考查学生对基础概念的记忆和理解；接着，通过简答题或论述题，要求学生分析生物学现象或解释实验结果；最后，通过综合应用题或实验设计题，要求学生将所学知识应用于实际问题解决或提出创新性的实验方案。这样的试题设计不仅能够全面评估学生的生物学知识掌握程度，还能够培养学生的分析、评价和创造能力。

在实际操作中，教师还需要注意问题任务的层次性与梯度性之间的平衡。过于简单或过于复杂的试题都可能影响学生的解题体验和评估结果的准确性。因此，在试题命制过程中，教师需要根据学生的实际水平和教学目标，合理设置问题任务的难度和梯度，确保试题的科学性和有效性。

(2)问题任务与学生认知水平的适应性

在试题命制过程中，问题任务与学生认知水平的适应性是确保试题有效性的关键。为了实现这一目标，教师需要深入了解学生的知识结构和认知特点，确保问题任务的层次性和梯度性能够与学生的实际水平相匹配。例如，在生物学试题中，对于初学者，可以设计一些基础性的问题，如"描述细胞的基本结构"，这类问题能够帮助学生巩固基础知识。对于中等水平的学生，可以设计一些需要一定分析能力的问题，如"分析光合作用过程中能量的转换过程"，这类问题能够促进学生深入思考。对于高水平的学生，教师可以设计一些具有挑战性的问题，如"探讨基因编辑技术在未来医学领域的应用前景"，这类问题能够激发学生的创新思维和批判性思考能力。

此外，教师还可以借鉴布鲁姆的认知领域教育目标分类法，将问题任务按照知识、理解、应用、分析、评价和创造六个层次进行划分，确保试题能够全面覆盖学生的认知发展。从而提高试题的针对性和有效性，并促进学生的全面发展。

在实际操作中，教师还需要注意问题任务的表述方式。问题任务的表述应该清晰明了，避免使用过于复杂或模糊的词汇，以免给学生造成困扰，以及问题的开放性。并鼓励学生从多个角度进行思考，培养他们的发散性思维和创新能力。

总之，问题任务与学生认知水平的适应性是试题命制过程中需要重点关注的问题。通过深入了解学生的知识结构和认知特点，借鉴有效的分类法以及注意问题的表述方式和开放性，教师能够设计出更加符合学生实际水平的试题，提高试题的有效性和针对性。

4. 建立试题多元评价机制

(1)评价标准的多维度性

在试题评价的优化过程中，建立多元化的评价标准是确保试题质量的关键。这种多元化不仅体现在评价标准的维度上，更与其深度和广度密切相关。首先，评价标准的多维度性要求教师在评价试题时，不仅要关注学生对基础知识的掌握程度，还要考查他们的思维能力、创新能力以及解决问题的能力。例如，在生物学试题中，不仅要评价学生对生物学知识点的记忆和理解，还要通过设计具有挑战性的试题情境，来评估他们运用生物学知识解决实际问题的能力。

为了实现评价标准的多维度性，在试题命制时，教师可以借鉴布鲁姆的教育目标分类法，将教育目标分为知识、理解、应用、分析、综合和评价六个层次，来设计不同难度和类型的试题，以全面评价学生的能力水平。同时，我们还可以结合学科特点，将文化素养的考查融入试题，以评估学生对文化知识的理解和应用能力。

以生物学试题为例，可以设计一些涉及生物学知识点与文化元素相结合的试题。例如，通过引入传统文化元素，如中医理论、古代生物学家的贡献等，来考查学生对生物学知识的理解和应用能力。同时，我们还可以创设具有文化特色的情境试题，让学生在解决问题的过程中，感受到文化的魅力和价值。这种试题形式不仅能够激发学生的学习兴趣，还能够促进他们对文化知识的理解和应用。

在评价试题时，教师还要注重评价标准的客观性和公正性，可以采用多种评价方法相结合的方式，如教师评价、学生自评、同伴互评等。同时，还可以利用现代技术手段，如数据分析、人工智能等，对试题进行量化分析和评价。这样不仅能够提高评价效率，还能够确保评价结果的客观性和公正性。

总之，建立多元化的评价标准是确保试题质量的关键。通过实现评价标准的多维度性，教师能够全面评价学生的能力水平，促进他们的全面发展。同时，这种评价方式还能够激发学生的学习兴趣和创造力，为培养具有创新精神和实践能力的人才提供有力支持。

(2)评价标准与教学目标的一致性

在试题命制过程中，确保评价标准与教学目标的一致性至关重要。这不仅有助于准确评估学生的学习成果，还能有效指导教学方向。以生物学教学为例，当教师将文化融合作为教学目标之一时，试题的评价标准也应相应调整，以体现对学生的综合素养的考查。

首先，需要明确教学目标，即希望通过教学使学生掌握哪些生物学知识，如何培养他们的文化素养等，并在此基础上来制定多元化的评价标准，这些标准应涵盖生物学知识掌握程度、文化理解深度、问题解决能力等多个维度。例如，在评价一道涉及生物学与文化结合的试题时，不仅要考查学生对生物学知识点的掌握情况，还要评估他们是否理解并运用了相关的文化元素。

为了确保评价标准与教学目标的一致性，教师可以借鉴一些成功的案例。例如，某校在生物学试题中引入中国传统文化元素，如中医理论、中药知识等，并设计了相应的评价标准。这些标准不仅要求学生能准确回答生物学问题，还鼓励他们从文化角度进行分析和解释。从而成功地将传统文化元素融入生物学教学，提高了学生的文化素养和综合能力。

此外，还可以运用一些分析模型来指导评价标准的制定。例如，布鲁姆的教育目标分类法有助于教师明确认知、情感、动作技能等不同领域的教学目标，并据此制定相应的评价标准，从而确保评价标准与教学目标在认知、情感、动作技能等多个维度上保持一致。

总而言之，确保评价标准与教学目标的一致性是实现有效教学和准确评估的关键。通过制定多元化的评价标准、借鉴成功案例、运用分析模型等方法，教师可以更好地实现文化融合的教学目标，提高学生的综合素养。

二、典型试题及解析

在各省、市初中生物学学业水平考试中，传统文化融入试题命制的内容日趋广泛，类型呈多样化。比较常见的类型有以诗词、古文典籍、传统节日、传统技术、书法、绘画、中药材等设置试题情境，也有以中华武术等传统体育、中式园林等入题的。以下是对各省、市初中生物学学业水平考试中出现的传统文化类试题进行的简单归纳与分析。

类型一：文学知识类

一、成语入试题

成语是我国传统文化瑰宝之一。成语来源有多种，有的来源于古代神话、历史事件、前人故事、古书中的寓言传说、典籍中的古人原句，以及截取古人语句，也有一些来自口语、谚语和俗语，还有一些外来成语、改造过的成语等。

1.（2023 年海南卷 · 19）下列选项中能体现先天性行为的是（　　）

A. 邯郸学步　B. 望梅止渴　C. 东施效颦　D. 蜻蜓点水

参考答案：D

（试题特点：本题以成语作为试题选项，既考查学生对成语的理解，即考查了学生的文化素养；又考查了成语中蕴含的生物学知识，即考查学生对生物学知识的理解。这不仅是一道语文与生物的跨学科融合题，也是一道于无声中陶冶学生传统文化素养的试题。）

2.（2023 年山东德州 · 1）下列成语中包含生命现象的是（　　）

A. 春暖花开　B. 夏阳酷暑　C. 秋高气爽　D. 十冬腊月

参考答案：A

（试题特点：以与四季有关的成语作为选项，考查学生对生命现象的理解。学生答题时既要理解成语的含义，还要能区分成语描绘的是自然现象还是生命现象。）

二、中华诗词入试题

中华诗词文化源远流长，是中国传统文化的重要组成部分。它们不仅记录了中国古代历史、人物和文化背景，还反映了中华文化的博大精深和文化的独特性，具有深刻的历史和文化内涵。挖掘古诗词中的生物学现象、原理和规律，是生物学学科教学中的重要组成部分，也是学科教学中传统文化传承与发展的重要环节。

1.（2023 年海南卷 · 21）下列诗句中包含生殖现象的是（　　）

A. 须臾十来往，犹恐巢中饥　B. 松下问童子，言师采药去

C. 大雪压青松，青松挺且直　　　　D. 欲穷千里目，更上一层楼

参考答案：A

（试题特点：本题以四句不同的诗作为选项，其中只有一句诗蕴含了生物的生殖现象。既考查学生对诗句含义的理解，又考查学生对“不同生物生殖过程”这一知识点的掌握情况。考查学生文化素养的同时，也考查学生的跨学科理解能力。）

2.（2023 年山东威海 · 2）“不知细叶谁裁出，二月春风似剪刀。”柳树在农历二月长出新叶，影响它生长的主要非生物因素是（　　）

A. 温度　　B. 水分　　C. 空气　　D. 湿度

参考答案：A

（试题特点：以诗为情境，描绘了春天柳树长出新叶的画面。学生在答题时需要分析诗词的含义，并从中提取关键信息，分析影响柳树长出新叶的关键因素是温度，这样既考查学生的文化素养，又考查学生提取信息、结合生活现象进行分析推理的能力，同时促使学生在学科学习中传承与发展优秀传统文化。）

3. 下列诗句中能体现生物因素作用的是（　　）

A. 西湖春色归，春水绿于染　　　　B. 竹外桃花三两枝，春江水暖鸭先知

C. 种豆南山下，草盛豆苗稀　　　　D. 人间四月芳菲尽，山寺桃花始盛开

参考答案：C

（试题特点：本题主要考查生物与环境的关系，以古诗词为背景，强化学生对影响生物生活的环境因素的理解。本题提供一个简洁的设问，直指生物因素的作用，要求学生在理解诗句描绘的生物现象的基础上，辨别生物因素和非生物因素。在此基础上，学生通过对诗句的分析、解释和概括，理解和认同生物与环境相适应的观点，用辩证的观点看待自然。）

三、经典古籍入试题

经典古籍是中华传统文化的重要组成部分，涵盖哲学、文学、历史、艺术等多个领域。这些作品对中华文化的发展产生了深远影响，形成了独特的中华文明，是中华文化的瑰宝。

1.（2023 年山东威海 · 22）我国古代社会的“六畜”并非按照现代生物学分类依据来划分。“六畜”包括马、牛、羊、狗、猪、鸡这六种畜或禽，它们具有的共同特征是（　　）

A. 体表被毛　　B. 双重呼吸　　C. 体温恒定　　D. 胎生哺乳

参考答案：C

（试题特点：“六畜”泛指家畜。古籍《灵枢经》《汉书 · 地理志》中均有记载。以古籍中的相关记载入题，既贴近人们的生活，又拓宽了学生知识面，考查了学生对不同动物

特征的掌握情况。)

2.(2023年重庆卷·2)《左氏春秋》记载了稻田杂草——稗草，它与水稻外形相似，严重影响水稻产量。则水稻与稗草的关系是(　　)

A. 竞争关系　　B. 寄生关系　　C. 合作关系　　D. 捕食关系

参考答案：A

(试题特点：以历史典籍《左氏春秋》中记载的植物来设置试题情境，让学生知道早在几千年前，我国古代劳动人民就已经认识了稗草，并了解它对农业生产的危害，体现了我国古代劳动人民的智慧。挖掘其中的生物学知识，可提升学生对传统文化的热情，有利于传统文化的传承与发展。)

类型二：农业生产类

一、传统节日入试题

中国传统节日主要有春节、元宵节、上巳节、寒食节、清明节、端午节、七夕节、中元节、中秋节、重阳节、下元节、冬至节、除夕等，此外还有二十四节气等历法节日。节日形式多样，内容丰富。它涵盖了原始信仰、祭祀文化、天文历法、易理术数等人文与自然文化内容，蕴含着深邃而丰厚的文化内涵。从远古先民时期发展而来的中华传统节日，清晰地记录着中华民族先民丰富而多彩的社会生活文化内容，是中华民族的历史文化长期积淀凝聚的过程，也是中华民族悠久历史文化的重要组成部分。

1.(2023年广东卷·31)中华优秀传统文化是中华民族的精神命脉。赛龙舟(如图甲)是我国端午节的传统习俗之一，深受人民群众的喜爱。

甲　赛龙舟示意图

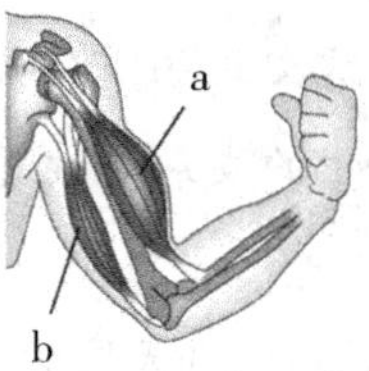

乙　屈肘动作示意图

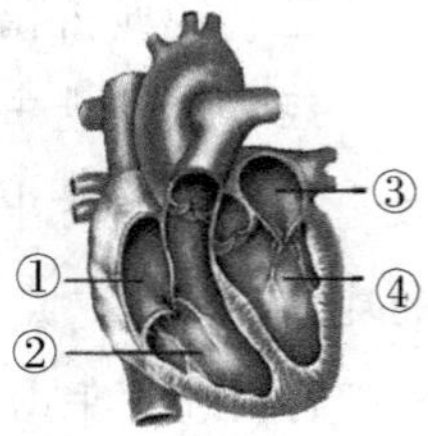

丙　人体心脏示意图

请回答：

(1)鼓手击鼓时需要运动系统中的骨、__________和骨骼肌的参与。舵手屈肘掌舵时，图乙中的结构a__________(填名称)收缩、结构b__________(填名称)舒张。

(2)桡手奋力挥桨时用力吸气，肋间肌和__________肌收缩，胸廓容积增大，肺内气压__________。比赛过程中，桡手心跳加快。图丙中代表心脏左心室的是__________（填序号），与左心室相连的血管是__________。

（3）赛龙舟时，运动员情绪高涨、动作整齐划一。这主要是__________调节和__________调节共同作用的结果。赛龙舟的盛景落在眼球的__________上形成物象，人们在欢乐的赛龙舟活动中感受到优秀传统文化带来的自信和力量。

参考答案：

（1）关节，肱二头肌，肱三头肌。

（2）膈肌，减小，④，主动脉。

（3）神经，激素，视网膜。

（试题特点：以中华传统节日——端午节的传统活动“赛龙舟”作为情境，并附上了赛龙舟的示意图。学生即使在现实生活中没有见过赛龙舟，也能了解赛龙舟的人员设置与活动方式，使学生在读题中对赛龙舟这一传统活动有了更清晰的了解，也无声中促进了传统文化的传承。同时，图中的乙、丙图来自教材，注重教材中素材转化，考查考生对基础知识的辨析和理解，引导教师们在教学中要重视教材，落实“双减”精神。）

2.（2024 年四川省模拟卷）春节是中华民族最为隆重的传统佳节。新年的钟声敲响、鞭炮齐鸣，五彩斑斓的烟花在夜空中绽放，这样喜庆的场景每次都能带给我们不一般的节日体验。请结合眼睛、耳朵和脑的结构模式图，回答问题。

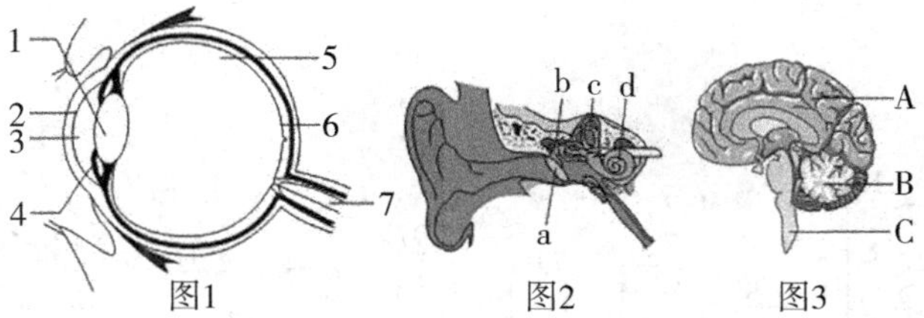

图1　　　　图2　　　　图3

（1）小宇同学在昏暗的环境中点燃烟花，绚丽的烟花让周围明亮了起来，这时图 1 中［3］瞳孔的变化是__________（选填“变大”或“变小”）；鞭炮炸响产生的声波刺激图 2［d］__________中的感受器产生神经冲动，传到图 3 的［A］__________中的一定区域形成听觉。

（2）在点燃烟花时，小宇同学既紧张又兴奋，脸色发红、注意力高度集中，此过程中起到调节作用的是__________。（选填“神经调节和激素调节”“神经调节”或“激素调节”）

（3）在点燃鞭炮前，爸爸提醒小宇：“鞭炮声音较大时，可用手堵耳或张嘴；烟雾较大时，最好佩戴口罩。”原因是“用手堵耳或张嘴”能保持［a］__________内外气压的平衡，避免引起听力损伤；“佩戴口罩”能减少烟雾对呼吸系统的直接伤害。

(4)今年春节，很多地方出台了“有限制性地取消禁放鞭炮、烟花”的规定，希望能兼顾环保和节日的气氛。请根据以上内容就如何环保燃放烟花鞭炮提出一项建议________。

参考答案：

(1)变小，耳蜗，大脑。

(2)神经调节和激素调节。

(3)鼓膜。

(4)选择环保型鞭炮；燃放鞭炮后应及时清理。

(试题特点：本试题以中华传统文化春节为背景，结合学生喜闻乐见的新年钟声敲响、鞭炮齐鸣，五彩斑斓的烟花在夜空中绽放等场景，考查了人体对外界环境的感知。试题设计体现一定的梯度进阶：第1题、第2题考查学生运用人体对外界环境的感知、人体对生命活动的调节等原理知识解决生活的能力；第3题引导学生关注用耳健康，培养健康生活的意识，第4题从兼顾环保和节日气氛两个角度，要求学生写出一项环保燃放烟花鞭炮的建议，较好体现了生物学课程的育人价值。)

二、传统技术入试题

中国传统技术是指先辈们在生产生活中总结的传统工艺和手工技术等，内容涵盖农业生产、社会生活、生产技术发展、民俗工艺等多个层面。这些传统技术不仅改善了先辈们的生产和生活水平，很多传统技术到现代依然广为流传，与时俱进，为现代生活增添丰富的色彩。

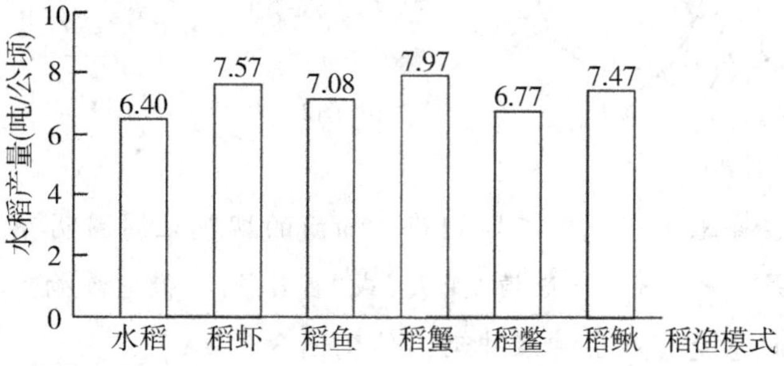

例题赏析：

1.(2023年广东卷·33)我国劳动人民应用稻渔综合种养技术(即水稻种植与虾、鱼、蟹、鳖或泥鳅等水产动物养殖有机结合)，达到稳粮增收、稻渔双赢效果，助力乡村振兴。某科技小院探究了5种稻渔模式对水稻产量的影响，结果如图。

请回答：

(1)本实验的变量是__________，实验中所用水稻的__________，施肥量和环境条件等一致。通过__________实验，能减小实验误差。

(2)与只种水稻相比，5种稻渔模式的水稻产量均有所__________。图中__________模式的水稻产量最高，其原因可能是：动物的爬行和挖穴活动有助于__________，促进水稻根的呼吸作用，进而促进水稻的生长。

(3)实践表明，稻渔模式能减少农药和化肥的使用，主要原因有：水产动物会吃害虫，体现两者的__________关系；水产动物的粪便会被__________分解成无机物，被水稻吸收。

(4)农业农村部鼓励各地区因地制宜推广稻渔鸭复合种养模式。某同学受此启发，认为可将鸡引入以上5种稻渔模式。你觉得该想法是否可行，说一说你的理由(写出一条即可)__________________________________。

参考答案：

(1)水产动物种类，品种/植株大小，重复。

(2)增加，稻蟹，土壤疏松/增大土壤颗粒间隙。

(3)捕食，细菌和真菌/微生物。

(4)不可行。水稻的生长需要水，鸡不会游泳，生活在陆地上。水浅不利于水稻生长，水深不利于鸡的生存。(合理即可)

(试题特点：稻田养鱼是我国古老的增产种植技术，体现了我国劳动人民的智慧。本题在古老的稻田养鱼技术的背景上，融入了新时代对传统技术进行改良与优化的研究成果，既体现了对传统劳动技术的传承，又体现了传统文化的创新发展，向学生传达出一个重要信息：我国的优秀传统文化是可以与时俱进并适应时代要求的。青少年要重视传统文化的传承与发展，延续和发扬先辈们的智慧。同时，该试题从实验的变量、重复实验、结果分析、转化应用等方面考查学生的读图能力、科学探究与科学思维能力。)

2.(2023年山东淄博卷·21)中国是世界上最早养蚕制丝的国家，高品质的桑树是获得良好收益的保证。北魏时期的《齐民要术》里系统记录了当时桑树种植的相关技术。请分析回答：

(1)用桑籽在苗圃中育苗，一年后“移而栽之”，为保证桑苗移栽成功，可采取的措施是________________(写一条)。

(2)桑树枝叶过于茂密之处，需着重修剪，以扩大桑树枝冠内的透光度，促进枝叶间空气流通，利于桑树生长，原因是__________________________________。

(3)给桑树施肥时，“以蚕矢粪之”。蚕粪提供的无机盐被根吸收后，沿着__________运输到植株各处。

(4)在桑树周围种植芜菁，收获种子后，“放猪啖之，其地柔软”。猪拱土吃芜菁根时，疏松了桑田土壤，利于桑树根进行__________作用。

(5)我国劳动人民经长期实践，形成了“基上种桑，桑叶喂蚕，蚕粪养鱼，鱼粪肥塘，塘泥肥桑”的“桑基鱼塘”生态农业模式，从生物学角度分析该模式的优点是____________(写一条)。

参考答案：

(1)阴雨天或傍晚移栽/根部带土坨(合理即可)。

(2)光是光合作用的条件，二氧化碳是光合作用的原料。在一定范围内，随着光照和二氧化碳浓度增加，光合作用速率增加，利于植物生长。

(3)导管。

(4)呼吸。

(5)实现了物质和能力的多层级利用；提高了能量的转化率；减少了环境污染(合理即可)。

(试题特点：以传统文化经典中《齐民要术》记载的桑树种植以及传统耕种模式“桑基鱼塘”作为试题情境，答题时，学生要运用生物学知识解析传统技术在生产生活中的运用过程，不仅加深了对传统技术的理解，还能考查学生对生物学知识的迁移运用、综合分析能力。同时，学生在答题中也了解了我国传统技术的历史传承，认识到这些技术是传统文化中的重要组成部分，从而增强民族文化自信。)

3.(2023年重庆卷·12)河南贾湖遗址发现距今约9000年前的酿酒痕迹，说明中国古人很早就开始使用酵母菌。关于酵母菌的叙述，错误的是(　　)

A. 酵母菌是原核生物，细胞中没有成形的细胞核

B. 酵母菌能通过出芽生殖产生后代

C. 酵母菌能通过发酵作用产生酒精

D. 利用酵母菌发酵可以制作馒头、面包等食物

参考答案：A

(试题特点：酿酒技术在我国历史悠久，贾湖遗迹的发现将酿酒技术的历史提前到了9000年前，无形中提升了学生的民族文化自信。以此为试题背景，拓展了学生对于我国酿酒技术的认识，同时结合酿酒原理，考查酿酒技术的主要菌种酵母菌的相关知识。)

类型三：民俗文化类

一、书法、绘画入试题

中国书法是中国传统文化中浓墨重彩的篇章，它是一种文字美的艺术表现形式，是中国汉字特有的一种传统艺术，被誉为“无言的诗，无形的舞；无图的画，无声的乐”。中国画简称“国画”，是我国的传统绘画形式，是用毛笔蘸水、墨、彩作画于绢或纸上。

作画题材可分人物、山水、花鸟等。画家和书法家都是运用中国特有的毛笔、墨汁和纸张，通过变化万千的线条笔触，表现对社会、哲学、宗教、道德、文艺、自然等方面的感悟，体现了中华民族的审美追求。

（2023 年广东卷 · 11）齐白石的画作《他日相呼》描绘了两只小鸡在抢食蚯蚓的场景。下列叙述错误的是（　　）

A. 小鸡是变温动物　　B. 蚯蚓的身体分节

C. 蚯蚓能增加土壤肥力　　D. 小鸡吃蚯蚓是取食行为

参考答案：A

（试题特点：以中国画入题，通过展示近现代绘画大师齐白石画作，考查画作中涉及的两种动物的特征、行为方式、生物对环境的影响等知识点，不仅锻炼了学生的记忆、综合分析能力，也使学生在答题过程中增进对近现代绘画的了解。）

类型四：医学研究类

一、传统医药入试题

中国传统医学俗称中医，诞生于原始社会，中医理论于春秋战国时期已基本形成，之后历代均有发展。中药取材于天然植物、动物和矿物质，经炮制加工后用于治疗各种疾病，是中医治疗的重要组成部分。中医和中药，均是中华民族数千年的实践经验与智慧结晶，也是世界医学宝库中的瑰宝。习近平总书记在致信祝贺金砖国家卫生部长会暨传统医药高级别会议召开的讲话中指出，传统医药是优秀传统文化的重要载体，在促进文明互鉴、维护人民健康等方面发挥着重要作用。

例题赏析：

1.（2023 年山东威海 · 30）明代医学家李时珍编写的《本草纲目》中记载了 1094 种植

物药材，443 种动物药材，这直接体现了生物多样性中的(　　)

A. 数量的多样性　　B. 基因的多样性

C. 生态系统的多样性　　D. 物种的多样性

参考答案：D

(试题特点：《本草纲目》乃我国传统医学著作，以此设置试题情境，既增进学生对我国传统医学的了解，又能使学生通过答题认识到该著作中涵盖的物种极为丰富，凝聚了作者毕生的心血，同时，引导学生们学习医学家李时珍求真求实、不畏艰难、锲而不舍的精神。)

2. (2023 年山东济宁 · 13)“切脉”是中医常用的诊疗手段。下列相关说法不正确的是(　　)

A. “切脉”切的是动脉，其管壁厚，管腔小(与静脉相比)，弹性大

B. 动脉内壁的动脉瓣具有防止血液倒流的作用

C. 正常人脉搏的次数可以反映心跳的次数

D. 动脉中流动的血液不一定都是动脉血

参考答案：B

(试题特点：以学生耳熟能详的中医诊疗手段“切脉”设置试题情境，学生在答题时，要结合生物学所学的血管类型进行分析，既考查了学生对血管类型相关知识的掌握程度，又满足了学生对于中医“切脉”这一诊疗手段的好奇心。)

3. (2023 年河南卷 · 9)石地钱是一味中药，具有止血功能。石地钱没有真正的根，也没有输导组织，属于(　　)

A. 被子植物　　B. 裸子植物　　C. 蕨类植物　　D. 苔藓植物

参考答案：D

(试题特点：中药石地钱是学生比较陌生的一味中药，以此设置试题情境，要求学生提取有关石地钱的形态特征信息，结合植物的分类及其特征答题。一方面拓展了学生对于中药材的认识，另一方面又考查了学生在陌生情境中，利用所学知识进行对比分析的能力。)

综上，中华优秀传统文化集中反映了中华民族的价值理念和精神追求，是实现中国梦的力量源泉。生物学是中华优秀传统文化教育的载体，考试命题要结合学科特点，选择相关学科领域的典籍、人物故事、文化遗存等，注重加强对学生理想信念、爱国主义、品德修养、知识见识、奋斗精神、综合素质等方面的考查，引导学生体会其中蕴含的思想方法，感悟中华民族智慧与创造力，培养学生勇于探索、自强不息的精神，坚定文化自信，增强民族自豪感。

展望篇

第四章
中华传统文化融入初中生物学教学的成效与展望

第一节　中华传统文化融入初中生物学教学的成效

一、课程育人价值的体现

将中华传统文化融入初中生物学教学，不仅丰富了教学内容，还凸显了课程的育人价值。传统文化中的生命观、自然观、道德观等，为生物学教学提供了丰富的人文内涵，使生物学课程不再仅仅局限于科学知识的传授，更成为培养学生人文素养、价值观念的重要途径。通过生物学课程的学习，学生能够更深入地理解中华文化的精髓，增强对传统文化的认同感和文化自信，有助于形成正确的世界观、人生观和价值观。

（一）生命观的体现

在初中生物教学的广阔舞台上，教师通过组织讨论、分享等学习活动，让学生认识到生命不仅是物质存在的形式，更是精神与情感的载体，是自然界中最宝贵的财富。同时，强调人类作为自然界的一部分，有责任和义务去保护生态环境，维护生物多样性，实现人与自然和谐共生。通过这样的教学，学生不仅能够掌握生物学基础知识，更能在心中种下尊重生命、热爱自然的种子，为构建更加美好的世界贡献自己的力量。例如，细胞结构与功能这一章不仅是学生探索生命奥秘的起点，也是培养他们形成深刻生命观的重要契机。为了让学生更直观地理解生命的奥秘，并将中国传统文化的精髓——“天人合一”哲学思想融入其中，教师可以设计一系列生动有趣的教学活动，让学生在探索细胞世界的同时，感受到生命与自然和谐共生的意义。

（二）自然观的体现

在初中生物教学的广阔舞台上，自然观的培育具有重要意义。将古代诗词融入初中生物教学，不仅丰富了教学手段，提升了学生的学习兴趣，更重要的是，它以一种润物细无声的方式，让学生在欣赏自然之美的同时，深刻理解生态平衡的重要性，从而树立起尊重自然、顺应自然的自然观，为他们的成长之路铺设了一条绿色、可持续的轨迹。例如，通过赏析《诗经》中描绘动植物生长繁衍的诗句，让学生感受到自然界的生机与美丽。同时，结合生态学的知识，分析生物种群之间的关系以及生态平衡的重要性，引导学生认识到人类活动对自然环境的影响，并培养他们保护环境的意识。当教师深入探讨生物多样性与生态平衡这一核心主题时，巧妙地融入古代诗词这一文化瑰宝，不仅能够为课堂增添一抹诗意与浪漫，更能引导学生跨越时空的界限，深刻理解自然界的奥秘与和谐共生的哲理。这种教学方式不仅提高了学生的学习兴趣，还让他们深刻领悟“道法自然”的哲理，从而树立尊重自然、顺应自然的自然观。

（三）道德观的体现

在初中生物教学的殿堂里，道德观的培育如同一束温暖的光芒，照亮了学生探索生命奥秘的旅程。通过教学环节的精心设计，学生将深刻体会到科学与道德之间的紧密联系。科学精神鼓励我们探索未知、追求真理，而人文关怀则提醒我们必须具备责任感、有同情心，尊重每一个生命体的价值和尊严。在生物学学习过程中，学生将学会以科学的态度去理解生命的奥秘，同时以道德视角去审视自己的行为选择。他们将在未来的学习和生活中，以更加开放的心态去拥抱科学，以更加深厚的情感去关爱生命，成为既有科学知识又有人文精神的时代新人。在这个过程中，道德观如同一条红线，贯穿始终，引领着学生在探索生命奥秘的旅途中不断前行，向着更加美好的未来迈进。例如，在讲述生物进化与遗传时，教师可以引入“仁爱”思想。通过讲解生物进化的过程，让学生认识每个物种都有其独特的生存价值和意义，从而培养他们尊重生命、关爱生命的道德情感。同时，结合遗传学的知识，让学生理解遗传信息的传递和变异是自然界的规律，而人类应该尊重这一规律，避免滥用科技手段对生命造成伤害。这种教学方式使学生认识到科学与道德之间的紧密联系，为建设更美好的未来奠定基础。

（四）科学探索精神的培养

在初中生物教学中，通过引入古代科学家的故事、鼓励学生亲手实践以及培养他们的质疑精神，可以有效地促进学生科学探索精神的培养——不仅为学生们的学业成绩带来显著提升，更重要的是，将在学生们的心中播下科学探索的种子，激发他们追求真理、勇于创新的热情与决心。在未来的日子里，这些怀揣着科学梦想的少年们，定能在各自的领域里发光发热，为人类的进步与发展贡献自己的力量。例如，在教授实验设计和科学探究方法时，教师可以引用古代科学家的故事，如张衡、祖冲之等，来鼓励学生勇于探索、敢于质疑的科学精神。这些故事不仅让学生了解古代科学家们的智慧和成就，也激发了他们学习科学的兴趣和热情。同时，通过让学生亲自进行实验设计和操作，培养他们的观察能力、分析能力和解决问题的能力，为他们未来的科学探索之路打下坚实的基础。教师引领学生们踏入实验设计与科学探究的殿堂时，巧妙融入古代科学家的光辉事迹，不仅能够为学生们树立起崇高的科学榜样，更能点燃他们心中勇于探索、敢于质疑的熊熊火焰。

科学探索之路从来不是一帆风顺的，需要具备勇于质疑、敢于挑战现有理论的勇气。在课堂上，教师鼓励学生大胆提出自己的疑问和见解，即使是面对教材上的“权威”知识也不例外。通过小组讨论、辩论赛等形式，学生们学会了从不同角度审视问题，用批判性的思维去分析科学现象和理论。这种质疑精神的培养，不仅能够帮助学生形成独立思考的习惯，还能够激发他们的创新潜能，为未来的科学探索之路铺设坚实的基石。

（五）社会责任感的培养

在初中生物教学的广阔舞台上，社会责任感的培养是一项至关重要且意义深远的任务。在讲述生物技术在现代社会的应用时，教师可以结合当前的热点问题，如生物安全、基因编辑等，引导学生思考科技发展与人类福祉之间的关系。通过讨论和分析，让学生认识到作为未来社会的公民，他们应该具备对科学技术的正确理解和判断能力，并承担起对社会的责任和义务。这种教学方式不仅培养了学生的社会责任感，也让他们充分意识到自己在社会发展中的价值和作用。

（六）艺术审美的提升

在生物学教学中，教师可以通过展示生物多样性的美丽和奇妙，如展示各种花卉、昆虫、鸟类等图片或视频，让学生感受到大自然的神奇和美丽。同时，结合中华传统文化中的艺术元素，如中国画中的花鸟画、诗词中的自然景象等，让学生在学习生物学知识的同时，提升艺术审美能力和文化素养。这种跨学科的教学方式不仅丰富了课程内容，也为学生提供了更广阔的学习视野和思维方式。

（七）跨文化交流能力的培养

在全球化背景下，跨文化交流能力已成为现代人必备的基本素质之一。在生物学教学中，教师可以通过介绍不同文化背景下的生物多样性和生态环境差异，引导学生理解和尊重不同文化之间的差异和多样性。同时，通过组织学生开展国际合作项目或参加国际交流活动等方式，培养他们的跨文化交流能力和国际视野。这种教学方式不仅有助于提高学生的综合素质和竞争力，也为他们未来的国际交流和合作打下了坚实的基础。

将中华传统文化融入初中生物学教学不仅丰富了教学内容和形式，更使生物学课程具有了深厚的育人价值。这种教学方式不仅提高了学生的学习兴趣和积极性，还让他们在学习科学知识的同时，感受到中华文化的博大精深和独特魅力。通过生物学课程的学习，学生能够更深入地理解中华文化的精髓和内涵，增强对传统文化的认同感和自豪感，从而树立正确的世界观、人生观和价值观，为其未来的成长和发展奠定了坚实的基础。

二、教师专业发展的促进

将中华传统文化融入初中生物学教学，对教师的专业素养提出了更高的要求。教师需要深入挖掘教材中蕴含的传统文化元素，了解传统文化的内涵和价值，掌握将传统文化与生物学知识相结合的教学方法。在此过程中，教师的专业知识和技能得到提升，教学能力和水平也会得到提高。同时，教师还需要不断更新教育观念，创新教学方法，以适应新的教学要求，这也能促进教师的专业发展。

首先，教师需要广泛涉猎传统文化知识，如阅读经典古籍、研究传统哲学思想、了解传统艺术表现形式等，以丰富自己的文化底蕴。这种持续的学习过程不仅有助于教师更好地理解传统文化的精髓，还能激发教师对传统文化的热爱之情，进而将这种情感传递给学生。

其次，教师需要掌握跨学科整合的能力。将传统文化融入生物学教学，需要教师在生物学知识教学的基础上，结合传统文化的元素，设计出富有启发性的教学活动。这就要求教师具备跨学科整合的视野和能力，能够灵活运用多种教学方法和手段，使教学过程更加生动。

同时，教师还需要不断更新教育观念，创新教学方法。随着时代的进步和教育的变革，新的教学理念和教学方法不断涌现。教师需要保持敏锐的洞察力，及时关注教育领域的最新动态和研究成果，将新的教学理念和方法应用到教学中。这种不断更新教育观念、创新教学方法的过程，也是教师专业发展的重要途径。

总之，中华传统文化融入初中生物学教学，对教师专业发展具有积极的促进作用。通过深入挖掘传统文化元素、掌握跨学科整合能力、更新教育观念和创新教学方法等，不仅有助于教师更好地完成教学任务，也为学生提供了更加优质的教育资源和教学体验。

三、学生素养的提升

通过将传统文化与生物学知识相结合，教学内容变得更加生动有趣，有助于吸引学生的注意力，激发学生的学习兴趣。学生在探究传统文化与生物学之间联系的过程中，其求知欲和探究欲会得到增强，从而促进学习动力的提升。

(一)深化对生物学知识的理解和应用

在初中生物教学中，融入中华优秀传统文化可以帮助学生从新的角度理解生物学知识，并能更好地将所学应用于实践。例如，在学习生态平衡的相关内容时，可以引入古代哲学思想中的“天人合一”观念，让学生理解人类与自然环境的和谐共生关系。这种教学方式能够引导学生将生物学知识应用到实际生活中，培养他们的环保意识和可持续发展观念。

(二)提升道德素质和人文素养

中华优秀传统文化蕴含着丰富的道德观念和人文精神，这些元素在初中生物教学中的融入，有助于提升学生的道德素质和人文素养，影响学生的行为准则和价值取向，丰富学生的内心世界和情感体验。例如，在学习遗传与变异时，可以引入“孝道”思想，让学生理解到生命的传承和延续不仅仅是生物学上的概念，更是文化和道德的传承。这种教学方式能够引导学生形成正确的价值观和人生观，培养他们的责任感和使命感。在学习生物与环境的关系时，可以引入古代诗词中对自然美景的描绘，让学生感受自然之美和生命之韵，从而激发人文情怀，培养他们的艺术鉴赏能力和审美能力。

(三)增强文化自信和民族自豪感

在初中生物教学中融入中华优秀传统文化，能够让学生更加深入地了解自己的民族文化，增强对中华文化的认同感和自豪感。例如，在学习动植物分类时，可以介绍中国古代对动植物分类的研究和贡献，让学生了解到中华民族在自然科学领域的卓越成就，从而激发对中华文化的热爱和敬仰之情，增强文化自信。在学习生态系统时，可以引入古代哲学思想中的“五行”观念，让学生理解到生态系统中的物质循环和能量流动与古代哲学思想的相通之处。

(四)培养创新思维和实践能力

在初中生物教学中融入中华优秀传统文化，还能够培养学生的创新思维和实践能力。

例如，在学习生物进化时，可以引入古代哲学思想中的“物竞天择、适者生存”观念，让学生理解到生物进化的本质和规律。在学习生态系统保护时，可以组织学生进行实地考察和实践活动，让他们亲身感受生态系统的脆弱性和保护的重要性，将理论知识与实际应用相结合，培养实践能力和解决问题的能力。

(五)增强跨文化交流和合作能力

在全球化的背景下，跨文化交流和合作能力已成为现代人必备的基本素质之一。教师应该积极探索和尝试在初中生物教学中融入中华优秀传统文化的教学模式和方法，为学生的全面发展提供更加优质的教育资源和教学支持，不仅有助于提高学生的生物学学习效果，更有助于培养他们的综合素质和人文情怀，为他们的全面发展奠定了坚实的基础。

第二节　中华传统文化融入初中生物学教学的未来展望

随着全球化的深入推进和科技的日新月异，中华传统文化在当下社会中的地位愈加重要。初中生物学作为培养学生科学素养的重要学科，将中华传统文化融入其中，既是对教育者的挑战，也是推动教育创新的重要机遇。展望未来，将中华传统文化融入初中生物学教学呈现以下四大趋势：

一、教学内容的深度挖掘与融合创新

未来的初中生物学教学将更加注重对中华传统文化元素的深度挖掘和巧妙融合。例如，在讲述基因遗传时，可以引入“龙生龙，凤生凤，老鼠的儿子会打洞”这一传统谚语，让学生在理解遗传规律的同时，感受到中华文化的独特魅力。此外，教育者还可以结合古代医学典籍中的生物学知识，如《黄帝内经》中关于人体生理和病理的论述，引导学生探索古代医学与现代生物学的联系与差异。

二、教学方法的多样化与个性化

在教学方法上，教育者可以根据中华传统文化的特点，设计多样化的教学活动。例如，在讲述生物多样性保护时，可以组织学生开展以“保护中华传统文化中的生物多样性”为主题的实践活动。学生可以通过调查当地的文化遗产和自然资源，了解传统文化与生物多样性之间的关系，并提出保护建议和措施。这样的活动不仅能激发学生的学习兴趣，还能培养他们的实践能力和社会责任感。

三、教育资源的整合与优化

随着信息技术的不断发展，未来的初中生物学教学将更加注重教育资源的整合与优化。教育者可以利用互联网等渠道来收集和整理与中华传统文化相关的生物学教学资源，如纪录片、科普文章、互动游戏等。这些资源可以为学生提供更加直观、生动的学习体验，帮助他们更好地理解生物学知识和中华文化的内涵。

同时，教育者还可以加强与博物馆、文化馆等文化机构的合作，为学生提供更加丰富的学习资源和实践活动，促进他们对中华传统文化和生物学知识的深入理解。例如，可以组织学生参观博物馆中的古代生物化石展览，让他们亲身感受古代生物世界的奇妙与魅力。

四、教育评价的科学化与人性化

在教育评价方面，未来的初中生物学教学将更加注重科学化和人性化。教育者可以采用多元评价策略，结合学生的课堂表现、作业完成情况、实践活动参与度等多个方面进行评价。同时，教育者还应关注学生的个体差异和成长过程，给予他们及时、有针对性的反馈和指导。在评价中华传统文化融入生物学教学的效果时，教育者可以设计专门的评价工具和指标。例如，可以通过问卷调查或访谈的方式了解学生对中华传统文化和生物学知识的态度和兴趣变化，通过观察学生在实践活动中的表现和作品质量来评估他们的学习效果。这些评价工具和指标可以帮助教育者更加准确地了解学生的学习情况，为改进教学方法和提供个性化指导提供依据。

综上所述，通过深度挖掘与融合创新、教学方法的多样化与个性化、教育资源的整合与优化以及教育评价的科学化与人性化等方面的努力，中华传统文化融入初中生物学教学的未来展望将更加广阔而富有成效。

参 考 文 献

[1]奉英. 初中生物教学中传统文化渗透的实践与探索[J]. 生物教学，2018.

[2]王晓明. 生物教学中古诗词的教育价值研究[J]. 教育科学，2019.

[3]李华. 传统文化视角下的生物学科教学创新[J]. 教育研究，2020.

[4]刘冲. 生物学教学中渗透传统文化的策略与方法[J]. 生物教育，2021.

[5]赵敏. 传统文化在生物教学中的应用——以“两栖动物的生殖和发育”为例[J]. 生物教学研究，2022.

[6]陈建武. 生物学科中传统文化教育的现状与思考[J]. 教育探索，2024.

[7]罗众峰. 生物教学中传统文化教育的价值与实践[J]. 教育创新，2025.

[8]赵海珍. 初中生物教学中渗透优秀传统文化的途径探究[J]. 中华活页文选(传统文化教学与研究)，2024.

[9]陈聪聪. 谈传统文化对生物教学的影响及其启示[J]. 中华活页文选(传统文化教学与研究)，2024.

[10]王飞. 融入传统文化，优化初中生物教学[J]. 中华活页文选(传统文化教学与研究)，2024.

[11]管喜娟. 初中生物教学中融入传统文化的策略研究[J]. 中华活页文选(传统文化教学与研究)，2023.

[12]康钰欣. 基于二十四节气文化的初中生物学综合实践课程资源开发和利用[D]. 西南大学，2023.

[13]童芳芳. 渗透优秀传统文化，优化中学生物教学[J]. 中华活页文选(传统文化教学与研究)，2023.

[14]倪婷. 文化传承，素质发展——浅谈初中生物教学中应用古诗词的策略[J]. 中华活页文选(传统文化教学与研究)，2023.

[15]高艳，唐先华，董毅. 基于传统文化典籍的自然科学教育实践与探索——以《山海经》为例[J]. 中国博物馆，2023.

[16]唐玉珍. 中华优秀传统文化融入高中生物学教学的现状与实践研究[D]. 淮北师范大学，2023.

[17]邓芷晴. 中华优秀传统文化中的生物学元素融入初中生物学教学的设计与实践研究[D]. 阜阳师范大学，2023.
[18]陆兰甜. 广西壮族文化与特色资源在初中生物教学中的应用研究[D]. 南宁师范大学，2023.
[19]陈坤杨. 高中生物知识在农业生产实践的应用分析[C]//中国管理科学研究院教育科学研究所. 教育理论研究与实践网络研讨会论文集(二). 贵州省六盘水市六枝特区第一中学，2022.
[20]龙槿彦. 中学生物学教学中渗透中华优秀传统文化的研究[D]. 安庆师范大学，2022.
[21]德力格日玛. 乌珠穆沁传统文化在初中生物教学中的应用现状[D]. 内蒙古师范大学，2022.
[22]宋楠林. 贵阳市饮食文化中生物学课程资源的开发与利用[D]. 闽南师范大学，2022.
[23]张红丽. 结合农业生产实践促进高中生物教学[J]. 山西教育(教学)，2022.
[24]熊敏. 泸沽湖摩梭民俗文化中初中生物学课程资源的开发与学案设计[D]. 云南师范大学，2021.
[25]郭珊珊，邓振山. 开拓初中生物新模块——医学知识[J]. 科教导刊(中旬刊)，2018.
[26]朱婧琳. 时事热点充实初中生物课堂教学——以“中国首次荣获诺贝尔生理学或医学奖”为例[J]. 中学生物学.
[27]龚宇. 农业生产中的生物学知识[J]. 科学咨询(教育科研)，2014.
[28]王亚娟. 生物教学中进行素质教育的探索——生物教学和农业生产相结合[J]. 新课程学习(上)，2013.
[29]王佳燕. 在初中生物课中渗透医学常识的意义[J]. 新课程(下)，2012.
[30]叶竟茂. 新课标高中生物知识在促进农业生产中的应用[J]. 考试周刊，2012.
[31]汪海. 初中生物课堂医学知识的渗透[J]. 考试周刊，2012.
[32]张丽娜. 生物学科教学中农业生产知识的教育[J]. 现代农业科技，2009.
[33]卢静. 在初中生物教学中渗透医学知识的探索[J]. 中学生物学，2008.
[34]张晓明. 中华传统文化与教育教学改革[J]. 教育研究，2017.
[35]王丽华. 中华传统文化融入课堂教学的路径研究[J]. 教育研究，2018.
[36]李宗桂. 中国文化概论[M]. 广州：中山大学出版社，2008.
[37]张岱年，方克立. 中国文化概论[M]. 北京：北京师范大学出版社，2004.
[38]钱穆. 国史大纲[M]. 北京：商务印书馆，1994.

[39]王宁. 传统文化与生物教学的融合研究[J]. 教育研究，2015.
[40]李明. 跨学科教学在生物课堂中的应用[J]. 生物学教学，2017.
[41]陈晓华. 传统文化在生物教学中的实践与探索[J]. 教育科学，2019.
[42]刘芳. 中华传统文化故事在生物教学中的应用[J]. 生物学教学，2016.
[43]王丽. 生物课堂中的传统文化实践活动设计[J]. 生物学教学，2020.
[44]赵敏. 中医药学在生物教学中的应用研究[J]. 生物学教学，2017.
[45]李强. 中医药与现代医学的结合研究[J]. 中医药学报，2019.
[46]陈静. 中医药在现代医疗中的应用与展望[J]. 中医药研究，2021.
[47]中华人民共和国教育部. 义务教育课程方案(2022版)[M]. 北京：北京师范大学出版集团，2022.
[48]中华人民共和国教育部. 中华优秀传统文化进中小学课程教材指南[EB/OL]. 2021年1月19日. https://view.officeapps.live.com/op/view.aspx? src.
[49]李娟. “双减”背景下基于核心素养的初中生物学作业设计研究[J]. 基础教育研究，2023.
[50]王红云. 初中生物生活化作业设计与案例分析——以“植物的光合作用”为例[J]. 生物学教学参考，2022.
[51]张立. 基于“课程思政”的初中生物作业设计案例研究[J]. 课程·教材·教法，2024.
[52]陈晓霞. 基于新课标的初中生物学作业设计案例研究——以“生态系统”单元为例[J]. 生物学通报，2023.
[53]刘伟. 基于学科核心素养的初中生物作业设计与实施策略[J]. 教育理论与实践，2022.
[54]周敏. 初中生物教学中渗透中华优秀传统文化和劳动教育的实践研究——以“植物种子的萌发”为例[J]. 生物学教学，2023.
[55]中共中央办公厅、国务院办公厅. 关于实施中华优秀传统文化传承发展工程的意见[EB/OL]. 2017年1月. https://www.gov.cn/gongbao/content/2017/content_5171322.htm.
[56]中华人民共和国教育部. 革命传统进中小学课程教材指南[EB/OL]. 2021年1月8日. https://www.gov.cn/zhengce/zhengceku/2021-02/05/content_5585136.htm.
[57]中华人民共和国教育部. 中华优秀传统文化进中小学课程教材指南[EB/OL]. 2021年1月8日. https://www.gov.cn/zhengce/zhengceku/2021-02/05/content_5585136.htm.
[58]中华人民共和国教育部. 教育部关于加强初中学业水平考试命题工作的意见[EB/

OL]. 2019年11月20日. https://www.gov.cn/gongbao/content/2020/content_5492517.htm.

[59]教育部考试中心. 中国高考评价体系[M]. 北京：人民教育出版社，2020.

[60]中华人民共和国教育部. 义务教育生物学课程标准(2022年版)[M]. 北京：北京师范大学出版集团，2022.

[61]王哲哲. 将传统节日融入幼儿园传统文化教学活动的策略研究[J]. 中华活页文选(传统文化教学与研究)，2023.

[62]张敏仓. 大美在民间——中华优秀传统文化进课堂探索与实践[J]. 陕西教育(教学版)，2024.

[63]孟国正，王启迪. 民族传统体育助力中华体育精神传播的生成机理与行动路向[J]. 体育文化导刊，2024.

[64]杨兆贵. 澳门大学教育专业课程中的传统文化教学[J]. 高教发展与评估，2022.

[65]白琼，王瑞丽. 地域传统文化融入高校美育的教学创新研究[J]. 高教学刊，2023.

[66]陈诺，李飞，段杏元. 中国传统服饰文化融入高校美育教育的路径探究[J]. 西部皮革，2023.

[67]李萌萌，章小纯. 中医药文化融入大中小学思想政治教育一体化建设探析[J]. 湖南中医药大学学报，2024.

[68]聂春燕. "互动协同模式"与传统文化融合的策略探究[J]. 考试周刊，2024.

[69]潘虹. 深度分析命题规律精准预测命题趋势[J]. 初中生学习指导，2023.

[70]龙海婷. 传统文化背景下探究小学英语教学发展策略之我见[C]//广东省教师继续教育学会. 广东省教师继续教育学会第五届教学研讨会论文集(三). 江西省吉安市遂川县西溪中心小学，2022.

[71]沈洁琼. 五彩羌绣——汉中宁强羌族乡土刺绣在小学美术教学中的应用[J]. 陕西教育(教学版)，2024.

[72]王娟，胡俊攀. 灵动皮影——华州皮影资源在小学美术教学中的运用探索[J]. 陕西教育(教学版)，2024.

[73]邵明升. 辽宁：全国卷Ⅱ[J]. 招生考试通讯(高考版)，2020.

[74]刘娇叶. 对中考"传统文化类试题"的分析与思考[J]. 中学语文教学参考，2020.

[75]李旭东. 中考传统文化类试题解析[J]. 试题与研究，2020.

[76]廖燕香. 江西省中考语文"优秀传统文化类"试题探析[C]//中国语文报刊协会，《语文报》社有限责任公司. 第三届新时代语文教育学术展评活动论文集(学术论文). 佛山科学技术学院，2022.

[77]王恩祥. 坚定文化自信传扬优秀传统——2017年中考"中华优秀传统文化"命题例

析[J]. 中学政治教学参考，2018.
[78]母仕波，李俊扬，张九能. 2012~2021 年高考数学试题的分析——基于数学文化特征[J]. 辽宁师专学报(自然科学版)，2023.
[79]宋雯雯. 2020 年中考数学文化试题的赏析与探讨[J]. 数学学习与研究，2021.
[80]刘成金. 新高考背景下物理情境化试题复习教学策略[J]. 数理化解题研究，2021.
[81]李丽丽. 古籍中的知识在高考化学试题中的应用[J]. 数理化解题研究，2022.
[82]钟华胜，梅国红. 在"弘扬中华优秀传统文化"中落实考查地理核心素养的一道好题[J]. 地理教学，2017.
[83]杨祖芳. 传统文化在 2021 年高考生物学试题中的呈现及教学启示[J]. 中学生物教学，2021.
[84]陈岭. 刍议如何丰富初中生物命题的内涵[J]. 名师在线，2017.
[85]黄武. 生物学科中的传统文化教育策略[J]. 教育实践与研究，2023.
[86]安宏. 生物教学中渗透传统文化教育的探索[J]. 教育研究，2022.